Mémoires Sur Les Cent Jours: En Forme De Lettres, Avec Des Notes Et Documens Inédits...

Benjamin Constant

MÉMOIRES

SUR

LES CENT JOURS,

EN FORME DE LETTRES.

OUVRAGES *qui se trouvent chez les mêmes Libraires.*

Cours de Politique constitutionnelle, ou Collection complète des Ouvrages publiés sur le gouvernement représentatif et la constitution actuelle de la France, par M. *Benjamin Constant*, 8 vol. in-8°,   32 fr.

De la peine de mort en matière politique, par M. *Guizot*, 1 vol. in-8°, 1822,   4 fr.

L'Europe et l'Amérique en 1821, par M. *De Pradt*, ancien archevêque de Malines, 2 vol. in-8°,   12 fr.

Examen du plan présenté aux Cortès pour la reconnaissance de l'indépendance de l'Amérique espagnole, par *le même*, 1 vol. in-8°,   3 fr.

De la Grèce dans ses rapports avec l'Europe, par *le même*, 2ᵉ édit., 1 vol. in-8°,   3 fr.

Le Renégat, par M. le vicomte *d'Arlincourt*, auteur du Solitaire, 2 vol. in-8°, papier fin, avec figures,   9 fr.

Le même, 5ᵉ édition, 2 vol. in-12, avec figures,   6 fr.

Le Solitaire, par *le même*, 8ᵉ édition, ornée de vignettes dessinées et gravées par Ambroise Tardieu, 2 volumes in-12,   6 fr.

Charlemagne ou la Caroléide, poëme épique en vingt-quatre chants, par *le même*, 2ᵉ édition, ornée de gravures et d'un plan figuratif du lieu où se passe l'action du poëme, 2 vol. in-8°,   10 fr.

Nouveau Manuel des Notaires, ou Traité théorique et pratique du Notariat, par MM. *J.-P. P**** et *J.-B.-T.-A. de M****, avocats; 2ᵉ édit., revue, corrigée et considérablement augmentée, 1 gros vol. in-8°,   10 fr.

Du principe conservateur, ou de la liberté considérée sous le rapport de la justice et du jury, par M. le chevalier *Mézard*, premier président de la cour royale d'Ajaccio, 1821, 1 vol. in-8°,   4 fr. 50 c.

Traité et Questions de procédure civile, par *G.-L.-J. Carré*, professeur en la faculté de droit de Rennes, 2 v. in-4°,   28 fr.

MÉMOIRES

SUR

LES CENT JOURS,

EN FORME DE LETTRES,

AVEC DES NOTES ET DOCUMENS INÉDITS;

PAR M. Benjamin CONSTANT.

DEUXIÈME ET DERNIÈRE PARTIE.

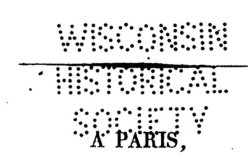
A PARIS,

CHEZ BÉCHET AINÉ, LIBRAIRE-ÉDITEUR,
QUAI DES AUGUSTINS, N° 57.

ET A ROUEN,
CHEZ BÉCHET LIBRAIRE,
RUE GRAND-PONT, N° 73, AU SALON LITTÉRAIRE.
1822.

IMPRIMERIE DE HUZARD-COURCIER,

RUE DU JARDINET-SAINT-ANDRÉ-DES-ARCS.

LETTRES

SUR

LES CENT JOURS.

LETTRE PREMIÈRE.

*Etat de la France et situation des amis de la
liberté, après le départ du Roi.*

L E Roi était parti. Les ministres avaient disparu. Les Chambres étaient séparées. Ceux qui
s'étaient dévoués pour la monarchie constitutionnelle, attendaient en silence et désarmés le sort
qu'un vainqueur qu'ils avaient bravé leur réser-
vait. Devaient-ils, trahissant le dépôt qu'il est dans
leur mission de défendre, ensevelir, dans quelqu'obscure retraite, une vie que des fautes, dont
ils n'étaient pas coupables, rendaient inutile à leur

2ᵉ *Partie.*　　　　　　　　　　　　　　　I

pays? devaient-ils, se glissant vers la frontière, cortége dédaigné, auxiliaires suspects, suivre sur le sol étranger ceux qui, malgré le Roi, les avaient empêchés de sauver la France? Ou leur était-il permis de se rallier à Bonaparte, après les efforts qu'ils venaient de tenter contre lui, et malgré la réprobation qu'ils lui avaient prodiguée? De tous côtés se laissaient apercevoir des périls d'espèce nouvelle.

Le premier était la continuation de la dictature que Bonaparte exerçait. Tous les organes de la nation étaient dispersés. Il n'y avait plus de corps intermédiaires, plus de représentation nationale. Les proclamations du golfe de Juan, les décrets de Lyon semblaient annoncer une terreur militaire, combinée avec des proscriptions anarchiques. C'était le langage de la convention dans la bouche d'un prétorien; et ce langage, il faut en convenir, ne répondait que trop aux sentimens d'une classe que je suis plus loin que jamais de juger sévèrement aujourd'hui que, dans les rangs supérieurs, l'injustice et la fureur sont égales, et par conséquent, le crime bien plus grand; car le besoin, l'ignorance, l'absence des lumières ne leur servent pas d'excuse. Mais cependant cette classe peu éclairée, violente, profondément blessée par dix mois d'insulte, pouvait menacer toutes les institutions sociales. Les mots de servage et de glèbe avaient échauffé les esprits. La haine universelle contre la noblesse prêtait à Bonaparte un appui redoutable, et s'il eût voulu encourager la vengeance, un peuple nombreux eût pris volontiers la vengeance pour la liberté.

Mettre par la force un terme à ce mélange de démagogie et de despotisme était impossible. On ne pouvait dépouiller violemment Bonaparte de la dictature. Il fallait donc obtenir de lui qu'il la déposât. Mais comment l'engager à ce sacrifice, si on ne lui présentait une chance de succès dans l'établissement d'un gouvernement constitutionnel? L'aurait-on décidé à un essai qui n'était point sans risque pour sa puissance, si l'on eût refusé de le seconder? L'y décider néanmoins, c'était rendre à la France des représentans, des interprêtes, des défenseurs. C'était borner, en le divisant, le pouvoir concentré dans la main d'un seul homme. C'était rompre le silence auquel la nation était réduite.

Avec la tendance de l'esprit public, le succès était infaillible. Autant la portion inférieure de la société était dévouée à Bonaparte, autant la portion mitoyenne était défiante. Il était certain que des Chambres, de quelque manière qu'elles fussent composées, formeraient un contre-poids et même un centre d'opposition vigoureuse. Les évènemens ont confirmé la justesse de ces conjectures. Les Chambres ont, dès l'origine, limité le pouvoir de Bonaparte. Elles ont réclamé pour la liberté individuelle ; elles ont entravé toutes les mesures despotiques, repoussé avec indignation toutes les propositions arbitraires. Elles ont de la sorte empêché beaucoup de mal, et, dans les circonstances où nous nous trouvions, c'était faire assez de bien. Le mal qu'elles ont empêché ne peut s'indiquer avec précision, parce qu'on ne peut déterminer ce qui est négatif. Mais tout homme sensé doit le sentir, et tout homme impartial le reconnaître. Les Chambres ont été bien plus loin encore. Quand elles ont cru que l'abdication de Bonaparte était un moyen de salut et de paix, ce sont elles qui l'ont contraint d'abdiquer. A Dieu ne plaise, que pour ma part, je m'arroge le mérite d'avoir prévu cette influence des Chambres dans toute son étendue ! Ce mérite serait à mes yeux une inexcusable perfidie. Je ne tendais point un piége à l'homme que je consentais à servir ; je ne désirais point son renversement ; mais je cherchais à entourer son pouvoir de barrières constitutionnelles, parce que je crois que, dans tous les systèmes, les barrières de ce genre sont nécessaires pour le salut du peuple, et pour celui du pouvoir.

Je trouvais que si Bonaparte était de bonne foi dans ses offres de se plier à la liberté, il méritait d'être soutenu, et que s'il n'était pas de bonne foi, il fallait profiter de ce qu'il offrait pour tourner contre lui son propre artifice et pour briser entre ses mains l'instrument qu'il offrait de déposer.

La dictature n'était pas le seul péril. Un second danger était à redouter, qui devait suffire pour déterminer tous les français : c'était l'asservissement de la France par les étrangers.

Comment repousser les étrangers sans se rallier à Bonaparte ? Le départ du Roi, la soumission universelle que ce départ avait entraînée, semblaient rendre chimérique tout espoir de relever, sous Louis XVIII, l'étendard de la monarchie constitutionnelle. J'ai toujours conçu toutes les opinions. J'ai compris qu'on voulût la monarchie ou la république, la légitimité émanant de la naissance, ou la liberté fondée sur un pacte : mais il y a une condition première, essentielle, devant laquelle tout disparaît : cette condition, c'est l'indépendance nationale, c'est l'éloignement de toute intervention étrangère, parce que sans cette indépendance, avec cette intervention, il n'y a plus ni monarchie, ni république, ni succession régulière, ni pacte, ni constitution, ni liberté. J'en appelle à tous les peuples, à tous les partis. J'en appelle à ces Prus-

siens qui, long-temps opprimés, se sont relevés
avec un si noble enthousiasme ; à ces Prussiens
auxquels nul ne pouvait refuser son hommage,
quand leur cause était juste et le résultat de leurs
efforts incertains. Quel était le but de ces efforts
magnanimes ? n'était-ce pas de briser le joug des
étrangers ? Mais si le fruit de ces efforts eût été de
voir leurs places envahies, leur capitale occupée,
leurs propriétés publiques et particulières dévastées, n'auraient-ils pas détesté ce succès funeste ?
Leur gouvernement combattait avec des Prussiens
contre des étrangers. Aucun parti de l'intérieur
n'avait été chercher des étrangers pour envahir la
Prusse. C'était malgré tous les Prussiens que les
ennemis s'étaient emparés de leurs forteresses : et
l'on ne leur avait pas livré Colberg ou Spandau
pour qu'ils aidassent à reconquérir Berlin.

Les Russes, par l'embrasement de Moscou,
ont donné au monde un grand exemple. Mais,
pourquoi ce sacrifice héroïque ? Pour que l'agres-
seur fût puni, pour que l'étranger fût repoussé.

Que ces Anglais, dont l'esprit national est heureusement au-dessus de leur politique extérieure ;
que ces Anglais auxquels Jacques II, repoussé
par eux, ne pouvait refuser son admiration ; que
ces Anglais s'interrogent : qu'éprouveraient-ils à
l'aspect de Londres cerné, des hauteurs occupées,

des barrières investies, et d'une armée ennemie dic-
tant des lois à leurs Chambres des communes et
des pairs ? Si cette seule idée fait bouillonner dans
leurs veines le sang britannique, certes, ils ne sau-
raient s'étonner que nous ayons du sang français
dans les nôtres.

Quant à moi, je l'avoue, quelle qu'eût été mon
opinion sur Napoléon, la seule attaque de l'étranger m'aurait fait un devoir de le soutenir. Lorsque
j'avais, par mes écrits, défendu le Roi jusqu'au
dernier moment de son séjour à Paris, il était entouré d'autres français qui, comme moi, promet-
taient de le défendre. Le drapeau national n'é-
tait associé à aucune couleur étrangère. Quand
je me suis réuni à Bonaparte, des Prussiens, des
Anglais, des Autrichiens, des Russes, marchaient
en armes contre la France.

« Parmi les calamités qui menacent ce royaume,
» disait M. Lainé, dans son discours du 16 mars,
» celle dont le cœur tout français du Roi est le
» plus vivement ému, c'est la crainte que des
» armées étrangères ne se préparent à venger des
» infractions inattendues, et à porter le fer et la
» flamme au milieu de nous. La France veut con-
» jurer *surtout* le fléau d'une guerre étrangère et
» se sauver du nouveau malheur de voir des pha-
» langes ennemies sur le territoire sacré de la pa-

» trie. » En prononçant ces paroles, M. Lainé exprimait le sentiment qui a engagé tant de bons citoyens à se réunir à Bonaparte.

Enfin un troisième péril était imminent : c'était la contre-révolution. Autant j'avais été convaincu (et je le suis encore) que si nous avions repoussé Napoléon avant son triomphe, la cour eût été subjuguée par l'opinion et la constitution affermie, autant il m'était démontré qu'une contre-révolution violente serait le résultat inévitable d'une victoire étrangère, au profit de la faction qui avait préféré la fuite à tout rapprochement avec les amis de la liberté. Les vues de cette faction ne pouvaient être douteuses. Si la franchise dans la haine est un mérite, on ne saurait le lui contester.

On m'a fait un crime d'avoir cité, dans des ouvrages publiés il y a vingt ans, les menaces de ces hommes alors sans puissance. On a prétendu que c'était se montrer peu généreux envers le malheur. Je n'avais fait toutefois que rapporter leurs propres paroles. Aujourd'hui ce ne sont plus eux qui sont opprimés, l'on ne peut donc me blâmer de répéter maintenant ce que j'avais alors annoncé sur leurs projets. « On ne sait pas assez » en France, disais-je, avec quel soin les royalistes » purs, même dans leur détresse actuelle, re-» cueillent tous les soupçons, séparent toutes les

» nuances et rejètent tout ce qui a pu dévier un
» instant de ce qu'ils appellent les principes fon-
» damentaux de la monarchie. Ils relisent avec
» soin toutes les pages de la révolution, pour
» prendre la date de tous leurs griefs. Pour eux,
» il n'y a pas de prescription. Leur haine s'est
» aigrie en vieillissant, et leur besoin de vengeance
» est devenu plus impérieux en proportion de ce
» qu'il a été plus long-temps comprimé. Ils re-
» descendent dans toutes les ramifications des
» divers systèmes qui se sont remplacés et détruits;
» et comme leur vengeance est à la fois politique
» et particulière, les victimes ne seraient pas pro-
» tégées par leur nombre. Dans chaque village,
» quelques municipaux, quelques prêtres asser-
» mentés, quelques anciens membres de sociétés
» populaires, quelques acquéreurs de biens na-
» tionaux, quelques volontaires, trouveraient un
» persécuteur dont la haine, ingénieuse en dis-
» tinctions, les priverait tôt ou tard du honteux
» privilége d'une trompeuse amnistie. »

« Parcourez, continuais-je, le *Rétablissement
de la Monarchie*, ouvrage publié à Londres en 1793,
vous y verrez la classification de ceux qu'il faudra
punir à la contre-révolution : 1° ceux qui demandèrent les états-généraux; 2° les amis des nou-
veautés; 3° les mécontens; 4° les ingrats; 5° les

philosophes ou athées ; 6° les protestans ; 7° les
spéculateurs abstraits ; 8° les partisans des deux
Chambres ; 9° le parti d'Orléans ; 10° celui de Nec-
ker ; 11° les républicains ; 12° tous ceux sans
exception qui prêtèrent le serment du jeu de
paume ; 13° les monarchiens ; 14° les monarchistes ;
15° les feuillans ; 16° les ministériels ; 17° les ad-
ministrateurs ; 18° les membres des sociétés et
clubs ; 19° les débris de la première législature ;
20° les successeurs qu'elle se choisit. Après cette
énumération dont la forme même appartient à
l'auteur, qui n'a fait que la numéroter diverse-
ment, parce qu'il l'a répandue dans son ouvrage,
« J'ai fait, dit-il, la part du crime petite : je l'ai
» traité avec parcimonie. »

Je citais encore, en 1797, les phrases suivantes
du même ouvrage : « Tous ceux qui prêtèrent le
» serment du jeu de paume sans exception, tra-
» hirent l'État, étaient coupables de lèse-majesté
» et devaient être punis comme tels. Ce ne sera
» pas à des Brissot, à des Manuel, à des Marat que
» la postérité demandera compte.... Ce sera à ceux
» dont les noms ont figuré dans les premiers mo-
» mens de la révolution.

» Ce n'est pas tout d'arracher les fruits de cet
» arbre planté par les constitutionnels et par eux
» arrosé de sang : il faut l'abattre, il faut couper

» jusqu'à la dernière racine, et bien loin de se
» servir de la moindre de ses branches pour l'enter
» sur un tronc antique et vénéré, il faut fouiller
» tout autour et ne pas lui laisser la possibilité
» d'un rejeton.

 » S'il reste le moindre germe de cette race
» exécrée, le plus léger souffle du mécontentement
» ira le porter sur la plage infortunée où mille
» circonstances imprévues le développeront pour
» le malheur du genre humain. Après avoir reçu
» de toutes les puissances européennes le bienfait
» inappréciable de la destruction d'une secte im-
» pie, nous manquerions à la dette sacrée de la
» reconnaissance en gardant volontairement au
» milieu de nous un venin caché qui pourrait les
» infecter un jour. » (Pag. 89, 90.)

 Avais-je tort, quand, en m'appuyant de ces
citations, je m'écriais : Ces hommes ne déguisent
point leurs ressentimens, tant ils comptent sur
vos passions aveuglées, vous que traîne à leurs
pieds un tardif et vain repentir....; vous tous qui
pendant un jour, pendant une heure, avez espéré
de la révolution ; vous qui l'avez applaudie où
secondée , ou souillée, constituans , législatifs,
conventionnels, feuillans, jacobins, criminels d'acclamations ou coupables de silence, vous êtes frappés d'un égal anathème.

Or, ces principes que les contre-révolutionnaires professaient alors, ils les professent encore aujourd'hui. Des magistrats émigrés imprimaient, en 1794, que la clémence était la seule prérogative royale qu'on dût limiter. On a de nos jours établi, dans des propositions d'amnistie, que le Roi, rentrant dans sá capitale, armé d'un pouvoir dictatorial, pouvait à son gré faire punir les rebelles, mais qu'une amnistie est par-delà les attributions de la royauté. C'est la première fois, je le pense, qu'on pose en axiome de jurisprudence politique, que le monarque a le droit de frapper sans jugement, et qu'il n'a pas le droit de faire grâce. Et ce n'est pas le seul trait de ressemblance qui éclate entre les royalistes exagérés d'aujourd'hui et leurs prédécesseurs de 1793. On retrouve les maximes et l'esprit de ces derniers dans ces phrases, dignes également du jacobinisme populaire et du jacobinisme des cours. « Il faut des fers, des boùrreaux, des
» supplices.... Vous rougissez de l'inactivité dans
» laquelle on vous retient, et, vous élevant au-
» dessus des faibles considérations qu'on vous op-
» pose, vous vous armerez de rigueur, yous ne
» cesserez de frapper l'hydre qu'après avoir abattu
» ses cent têtes, et fait disparaître son corps aussi
» hideux que sa puissance. » Et ces phrases ont été prononcées dans la Chambre de 1815. Pouvait-

on, au prix du triomphe d'une pareille doctrine, désirer un second rétablissement du Roi? je le confesse, je ne le voulais pas à ce prix, et je ne l'aurais pas voulu dans l'intérêt du Roi lui-même. Quel sort, grand Dieu ! pour un prince éclairé, équitable et doux, que de gouverner une nation dont il froisserait tous les intérêts, dont il blesserait toutes les opinions, dont il humilierait la fierté, dont il détruirait l'indépendance; que de marcher sur des cadavres, pour régner sur des sujets indignés; sacrifiant à sept ou huit mille privilégiés vieillis dans la haine de leur sol natal, l'espoir de toutes les générations, la sécurité de tous les citoyens, la garantie de toutes les propriétés, la liberté de toutes les pensées, la gloire de tous les souvenirs qui honorent un peuple, et le consolent de ses malheurs! Tel serait néanmoins l'effet inévitable d'une contre-révolution. Non, je ne voulais, ni pour mon pays, ni pour son roi, un fléau pareil.

S'isoler du gouvernement que Bonaparte instituait, c'était donc exposer la France à trois chances également désastreuses. Mais il faut observer de plus, que l'une des trois ne nous garantissait pas des deux autres. Il était possible que Napoléon, tout en conservant la dictature, fît beaucoup de mal, et cependant ne repoussât pas les étrangers; à la tyranie d'un despote, eût alors succédé l'enva-

hissement du territoire, et ce double malheur aurait été suivi d'un troisième, d'une réaction sanguinaire, effrénée, subversive de tous les principes,
destructive de toutes les lois, telle que les contre-
révolutionnaires l'ont annoncée depuis vingt-cinq
ans, et telle qu'ils l'ont essayée en 1815, malgré
la modération du Roi et le scandale de l'Europe.
Il fallait, pour conjurer ces divers périls, se réunir
au gouvernement nouveau, et le limiter en l'appuyant. Ce n'était pas un faible sacrifice, un effort
facile, pour des hommes qui avaient résisté à Bonaparte, ou du moins s'étaient éloignés de lui durant treize années. Il devait en coûter au général
Lafayette qui avait repoussé le consulat à vie, et
dédaigné toutes les faveurs de l'empire, il devait
lui en coûter de siéger dans une Chambre convoquée par Napoléon. M. d'Argenson, persécuté par
lui pour son inflexible intégrité, avait des répu-
gnances à vaincre avant de sanctionner son autorité
en la reconnaissant comme constitutionnelle. Si
j'ose enfin me nommer aussi, ce ne pouvait être
sans peine que j'abjurais une opposition qui faisait
partie en quelque sorte de mon caractère politique.
Je m'étais rangé parmi les adversaires de Bonaparte,
dès l'origine de sa puissance. J'avais renoncé, pour
ne pas subir son joug, aux seules fonctions que jamais j'aie ambitionnées sur la terre, celles de dé-

fenseur de la liberté et de la justice, dans une tribune nationale. J'avais persisté à ne pas lui rendre
hommage, quand le monde était à ses pieds. J'avais
subi, durant un long espace de temps, tous les inconvéniens de cette opposition opiniâtre. Je m'étais
vu traiter d'ennemi insensé de son pouvoir par
ceux qui, depuis, m'ont traité de complice de sa
tyrannie. Plus d'une fois, je n'avais traversé l'Europe qu'avec inquiétude et péril. Les royaumes
semblaient tenus à bail de sa volonté, et leurs
chefs s'empressaient de repousser de leurs domaines
asservis tous ceux qui pouvaient l'alarmer ou lui
déplaire.

Tout à coup je me suis rallié à l'homme que si
long-temps j'avais attaqué; celui, sous lequel j'avais
refusé de servir, quand l'assentiment universel
l'appuyait, je l'ai servi, quand il était l'objet de la
haine européenne; celui, dont je m'étais éloigné,
quand il disposait des trésors du monde, je m'en
suis rapproché, lorsqu'il n'avait plus que des périls à partager avec ceux qui s'associaient à sa destinée. Assurément, si ma conduite n'eût été dirigée
que par des motifs d'intérêt personnel, j'aurais fait
le calcul le plus absurde, et j'aurais agi non-seulement en citoyen coupable, mais en insensé.

D'autres considérations me decidèrent, comme
elles décidèrent une foule de bons citoyens. Nous

crûmes qu'il ne fallait pas, en refusant tout concours à Bonaparte, maître de l'empire, le con-
traindre à rester dictateur et à recommencer le
despotisme de 1812. Nous pensâmes qu'il n'était
ni permis de faciliter aux étrangers l'entrée de la
France, ni désirable de voir la faction qui avait
entraîné le Roi dans sa fuite, devenir tyrannique,
quand d'autres auraient été victorieux. J'avais d'ailleurs toujours pensé que si, dès l'origine, Bonaparte
eût rencontré dans ses alentours des hommes indépendans, il aurait transigé avec eux, il aurait
accepté un pouvoir limité aux conditions qu'on
lui aurait prescrites, et que son despotisme a été
bien moins son propre ouvrage que celui de la
bassesse spontanée qui lui demandait un salaire
et des fers. Le mépris même qu'il affectait pour
l'espèce humaine, le conduisait à des transactions.
Il ne regardait pas les hommes comme des êtres
moraux, mais comme des choses, et il n'y avait
pas d'irritation dans l'abus qu'il faisait de sa puissance. Il croyait pouvoir tout commander et il
l'essayait ; mais s'il eût rencontré de la résistance,
il l'eût considérée comme un obstacle physique,
et il eût cédé. Même en considérant, ce qu'à
Dieu ne plaise, et ce que je ne puis faire en conscience, même en considérant la France comme
un domaine royal, lorsque le maître d'une maison

est absent, au milieu d'un incendie, ceux qui demeurent après lui dans l'édifice embrasé, fussent-ils ses enfans ou ses esclaves, ont bien le droit d'éteindre l'incendie du mieux qu'ils peuvent.

Je me conforme, en pensant ainsi, à d'augustes exemples; car j'imite tous les souverains. Tous ont reconnu Bonaparte; l'un des plus illustres lui a donné sa fille. Qui donc oserait blâmer des individus qui n'ont fait que suivre les traces de tant de monarques, plus intéressés à résister et plus puissans pour combattre?

LETTRE II.

Première entrevue de l'auteur de ces Lettres avec Bonaparte.

Les considérations contenues dans ma Lettre précédente s'offrirent à mon esprit, aussitôt que le départ du Roi m'eut ôté l'espérance de concourir au maintien de la monarchie constitutionnelle. Cependant, aucun projet fixe ne résultait de ces considérations; je n'avais nul désir de me rapprocher de Bonaparte. Quand j'en aurais vu les moyens, je n'y apercevais aucune utilité, et mes premières

2ᵉ *Partie.* 2

démarches eurent pour but unique d'éviter sa présence et de me soustraire à son pouvoir.

J'observais néanmoins avec attention les symptômes inattendus de liberté qui frappaient mes regards. Les félicitations des ministres réunis, la déclaration du Conseil d'état, les adresses de l'Institut, du Tribunal de cassation, de la Cour des comptes, de la Cour impériale et du Conseil municipal de Paris, étaient rédigées dans un style que nulle corporation n'aurait hasardé, et que Napoléon n'aurait souffert d'aucune autorité sur la terre durant son premier règne. Je reviendrai plus tard sur les principes manifestés, à cette époque, devant un dictateur qui avait si long-temps imposé silence au monde, par des hommes qu'on voudrait aujourd'hui travestir en suppôts du despotisme. Ici, je ne dois rappeler leur profession de foi franche et courageuse que comme le premier avertissement donné à la nation, que toute possibilité de liberté n'était pas perdue.

J'étais pourtant surpris plus que rassuré. Trop de souvenirs s'élevaient contre des apparences qui pouvaient être trompeuses, et la tolérance de Bonaparte pour une hardiesse à laquelle ni sa cour ni les rois ses collègues ne l'avaient habitué pendant treize ans de prospérité, ne me semblait encore qu'un hommage forcé, rendu à une nécessité passagère.

Tout à coup, le 14 avril, je reçus la lettre suivante : « Le Chambellan de service a l'honneur de
» prévenir M. Benjamin Constant que S. M. l'Em-
» pereur lui a donné l'ordre de lui écrire, pour
» l'inviter à se rendre de suite au palais des Tui-
» leries. Le Chambellan de service prie M. Ben-
» jamin Constant de recevoir l'assurance de sa
» considération distinguée. Paris, le 14 avril 1815. »

Si je désirais me ménager des excuses, je dirais
que, déjà convaincu de la sincérité de Bonaparte,
je m'empressai d'obéir au premier signe, ou que,
tremblant devant sa puissance, j'avais regardé
cette invitation comme un ordre dangereux à dédaigner; de la sorte, j'obtiendrais grâce de beaucoup de gens en alléguant la duperie ou la peur.
Ceux qui se sont dits forcés d'accepter les faveurs
qu'ils avaient mendiées, reconnaîtraient en moi
leur langage, et ils m'absoudraient par sympathie;
mais je n'ai pas ce droit à leur indulgence.

Je ne croyais point, comme je l'ai déjà dit, à la
conversion subite d'un homme qui si long-temps
avait exercé l'autorité la plus absolue; les habitudes
du despotisme ne se perdent guère. En même temps,
je ne redoutais aucune persécution ; il m'était démontré que les ennemis de Bonaparte n'avaient
pour le moment rien à craindre. Il sondait l'opinion et donnait à chacun le temps de s'échapper;

2..

il ne serait redevenu terrible qu'à l'instant où il aurait pris son parti et constitué sa dictature. Je me sentais donc parfaitement libre; je pouvais refuser la coopération quelconque que je prévoyais devoir m'être proposée. Il dépendait de moi de ne point aller aux Tuileries, de vivre solitaire, ou de quitter la France, et d'attendre en paix les chances de l'avenir; ce fut volontairement que j'acceptai l'invitation qui m'était adressée.

Je voulus savoir par moi-même ce que nous pouvions espérer encore, et ce que l'expérience avait opéré. Quelqu'incertaine que soit une chance pour la liberté d'un peuple, il n'est pas permis de la repousser; ma résolution ne pouvait avoir d'inconvéniens que pour moi. En cas de non succès, j'encourais le reproche de versatilité et d'inconséquence; mais si je parvenais à faire adopter un seul bon principe, à mitiger une seule rigueur arbitraire, l'avantage était pour la France entière, qui certes, dans le labyrinthe où le 20 mars l'avait entraînée, n'avait pas trop de la réunion de tous ses citoyens dévoués.

Je me rendis donc aux Tuileries; je trouvai Bonaparte seul. Il commença le premier la conversation. Elle fut longue; je n'en donnerai qu'une analyse, car je ne me propose point de mettre en scène un homme malheureux. Je n'amuserai pas

mes lecteurs aux dépens de la puissance déchue;
je ne livrerai point à la curiosité malveillante
celui que j'ai servi par un motif quelconque, et
je ne transcrirai de ses discours que ce qui sera
indispensable; mais dans ce que j'en transcrirai,
je rapporterai ses propres paroles.

Il n'essaya de me tromper ni sur ses vues, ni
sur l'état des choses. Il ne se présenta point comme
corrigé par les leçons de l'adversité. Il ne voulut
point se donner le mérite de revenir à la liberté
par inclination. Il examina froidement dans son
intérêt, avec une impartialité trop voisine de
l'indifférence, ce qui était possible et ce qui était
préférable.

« La nation, me dit-il, s'est reposée douze ans
» de toute agitation politique, et depuis une année
» elle se repose de la guerre. Ce double repos lu
» a rendu un besoin d'activité. Elle veut, ou croit
» vouloir une tribune et des assemblées. Elle ne
» les a pas toujours voulues. Elle s'est jetée à mes
» pieds, quand je suis arrivé au gouvernement.
» Vous devez vous en souvenir, vous qui essayâtes
» de l'opposition. Où était votre appui, votre force?
» Nulle part. J'ai pris moins d'autorité que l'on ne
» m'invitait à en prendre..... Aujourd'hui tout
» est changé. Un gouvernement faible, contraire
» aux intérêts nationaux, a donné à ces intérêts

» l'habitude d'être en défense et de chicaner l'au-
» torité. Le goût des constitutions, des débats,
» des harangues paraît revenu..... Cependant
» ce n'est que la minorité qui les veut, ne vous
» y trompez pas. Le peuple, ou si vous l'aimez
» mieux, la multitude ne veut que moi. Vous ne
» l'avez pas vue cette multitude se pressant sur
» mes pas, se précipitant du haut des montagnes,
» m'appellant, me cherchant, me saluant (1). A
» ma rentrée de Cannes ici, je n'ai pas conquis,
» j'ai administré..... Je ne suis pas seulement,
» comme on l'a dit, l'empereur des soldats, je suis
» celui des paysans, des plébéiens de la France.....

(1) Bonaparte mettait un grand prix à prouver que son
retour n'avait pas été un mouvement militaire. Je suis fâché
de n'avoir pas avec moi six pages qu'il avait ou écrites ou
dictées à ce sujet, et qu'il avait soigneusement corrigées. Il
me les remit lors de la communication que je rapporte ici. Il
désirait que je répondisse à lord Castlereagh qui avait, dans
une harangue au parlement, attribué tout son succès à l'armée. Ne voulant rien écrire avant que d'être sûr que ce
n'était pas un despote que je rendais à la France, je me re-
fusai à ce travail; et, en 1815, je confiai l'esquisse que Napoléon m'avait remise, à un de mes amis qui partit pour l'Angleterre, d'où j'ai négligé jusqu'à présent de la faire revenir.
Il y avait beaucoup de chaleur; des expressions bizarres,
mais fortes; une grande rapidité de pensée, et quelques traits
d'une véritable éloquence.

» Aussi, malgré tout le passé, vous voyez le peuple
» revenir à moi. Il y a sympathie entre nous. Ce
» n'est pas comme avec les privilégiés. La noblesse
» m'a servi, elle s'est lancé en foule dans mes an-
» tichambres. Il n'y a pas de place qu'elle n'ait
» acceptée, demandée, sollicitée. J'ai eu des Mont-
» morency, des Noailles, des Rohan, des Beauvau,
» des Mortemart. Mais il n'y a jamais eu analogie.
» Le cheval faisait des courbettes; il était bien
» dressé : mais je le sentais frémir. Avec le peuple,
» c'est autre chose. La fibre populaire répond à
» la mienne. Je suis sorti des rangs du peuple :
» ma voix agit sur lui. Voici ces conscrits, ces fils
» de paysans : je ne les flattais pas : je les traitais
» rudement. Ils ne m'entouraient pas moins, ils
» n'en criaient pas moins : *Vive l'Empereur !*
» C'est qu'entre eux et moi, il y a même nature.
» Ils me regardent comme leur soutien, leur
» sauveur contre les nobles..... Je n'ai qu'à faire
» un signe, ou plutôt à détourner les yeux, les
» nobles seront massacrés dans toutes les pro-
» vinces. Ils ont si bien manœuvré depuis dix
» mois !... mais je ne veux pas être le roi d'une
» jacquerie. S'il y a des moyens de gouverner
» par une constitution, à la bonne heure.... J'ai
» voulu l'empire du monde, et, pour me l'assu-
» rer, un pouvoir sans borne m'était nécessaire.

» Pour gouverner la France seule, il se peut
» qu'une constitution vaille mieux..... J'ai voulu
» l'empire du monde, et qui ne l'aurait pas
» voulu à ma place ? Le monde m'invitait à le
» régir. Souverains et sujets se précipitaient à
» l'envi sous mon sceptre. J'ai rarement trouvé
» de la résistance en France ; mais j'en ai pour-
» tant rencontré davantage dans quelques Fran-
» çais obscurs et désarmés, que dans tous ces
» rois si fiers aujourd'hui de n'avoir plus un
» homme populaire pour égal..... Voyez donc ce
» qui vous semble possible ; apportez-moi vos
» idées. Des discussions publiques, des élections
» libres, des ministres responsables, la liberté
» de la presse, je veux tout cela...... La liberté de
» la presse sur-tout ; l'étouffer est absurde. Je
» suis convaincu sur cet article.... Je suis l'homme
» du peuple ; si le peuple veut réellement la li-
» berté, je la lui dois. J'ai reconnu sa souve-
» raineté. Il faut que je prête l'oreille à ses volon-
» tés, même à ses caprices. Je n'ai jamais voulu
» l'opprimer pour mon plaisir. J'avais de grands
» desseins ; le sort en a décidé. Je ne suis plus
» un conquérant ; je ne puis plus l'être. Je sais
» ce qui est possible et ce qui ne l'est pas. Je n'ai
» plus qu'une mission, relever la France et lui
» donner un gouvernement qui lui convienne.....

» Je ne hais point la liberté. Je l'ai écartée lors-
» qu'elle obstruait ma route; mais je la comprends,
» j'ai été nourri dans ses pensées... aussi bien l'ou-
» vrage de quinze années est détruit, il ne peut
» se recommencer. Il faudrait vingt ans et deux
» millions d'hommes à sacrifier.... D'ailleurs je
» désire la paix, et je ne l'obtiendrai qu'à force
» de victoires. Je ne veux pas vous donner de
» fausses espérances; je laisse dire qu'il y a des
» négociations : il n'y en a point. Je prévois une
» lutte difficile, une guerre longue. Pour la sou-
» tenir, il faut que la nation m'appuie; mais en
» récompense, je le crois, elle exigera de la li-
» berté. Elle en aura.... la situation est neuve.
» Je ne demande pas mieux que d'être éclairé.
» Je vieillis. On n'est plus à quarante-cinq ans
» ce qu'on était à trente. Le repos d'un roi cons-
» titutionnel peut me convenir. Il conviendra
» plus sûrement encore à mon fils. »

Tel fut à peu près le sens de mon premier entretien avec Bonaparte.

Transcrire mes réponses serait superflu. Il est
trop aisé de se faire valoir, en s'attribuant une
intrépidité ou une éloquence dont personne n'a
été témoin. Le public doit être fatigué de tous ces
discours, de toutes ces lettres qu'on prétend avoir
adressées à un homme puissant, aujourd'hui qu'il
est tombé.

Je me retirai sans avoir pris une résolution décisive, sans avoir contracté d'engagement.

Il était clair que, si l'expérience avait démontré à Napoléon que momentanément la liberté lui était nécessaire, elle ne l'avait point convaincu que cette liberté qu'il voulait bien employer comme moyen fût le but principal, ou, pour parler plus exactememt, le seul but des associations humaines, but pour lequel les gouvernemens existent, et auquel leur droit à l'existence est subordonné. Je savais trop que des déclaration vagues en faveur de la souveraineté du peuple, n'opposent aux empiétemens de l'autorité aucune barrière. Comme ce sont toujours les dépositaires de l'autorité, soit législative, soit exécutive, qui expriment la volonté du peuple souverain, il est facile à tous les gouvernemens, et plus facile aux gouvernemens représentatifs qu'aux autres, quand les droits individuels ne sont pas garantis par des institutions fortes, de faire vouloir au souverain prétendu, tout ce qui peut servir à l'opprimer comme sujet, ou prenant la route opposée pour arriver à un terme identique, de l'opprimer comme sujet, pour lui faire sanctionner son esclavage comme souverain : Bonaparte lui-même nous avait légué plus d'un exemple frappant dans ce genre.

Dans tous ses discours, j'avais reconnu ce mépris pour les discussions et pour les formes délibé-

rantes, caractère inhérent aux hommes qui ont
l'instinct du pouvoir absolu. Il y avait plus de
grandeur dans ses expressions, je ne sais quoi de
plus large dans son dédain, parce qu'il parlait
après douze ans de victoires, et le front ombragé
d'immortels lauriers ; mais il me rappelait pourtant le système de ce ministre de 1814 qui avait
considéré la Charte comme un leurre, jeté au
peuple français pour satisfaire une fantaisie d'un
jour, dont ce peuple se dégoûterait bientôt lui-
même. Comme il n'y a de raison, de justice,
d'élévation véritable que dans les principes de la
liberté, il y a toujours quelque chose de faux,
d'étroit, et même de ridicule dans les ennemis de
ces principes, qu'ils soient abbés ou conquérans ;
et à quelque hauteur que le sort les place.

Enfin, je n'avais pu méconnaître des regrets
étouffés et non détruits, pour un régime de guerre,
de conquêtes, et de suprématie européenne. Qui
pouvait répondre de l'effet de ces regrets trop mal
déguisés, si de rapides et de brillans succès rou-
vraient à Bonaparte une carrière aventureuse de
gloire et de périls, qui avait seule des charmes
pour lui ?

Je ne nierai point toutefois que cette entrevue
n'eût diminué, sous quelques rapports, ma conviction antérieure, que sa puissance et la liberté étaient

incompatibles. Mille nuances qui restent inaperçues dans l'éloignement, se montrent à l'œil attentif, quand la distance devient moins grande; et il y a bien peu d'êtres, quelque redoutables qu'ils paraissent, dans lesquels on ne démêle de près quelque chose d'humain.

Il m'avait semblé d'ailleurs, dès cette première entrevue, que ce caractère tranchant dans les formes, était, à quelques égards, flexible au fond, et même irrésolu : il commençait par commander, mais il avait besoin de convaincre; et, balloté, dans ces derniers temps sur-tout, par des incertitudes perpétuelles, il se rendait au silence de la désapprobation, après avoir résisté à la contradiction directe. Cette observation, que je n'avais faite que rapidement, m'a paru chaque jour plus vraie, durant les trois mois de mes relations avec cet homme extraordinaire. J'ai eu à regretter plus d'une fois de n'en avoir pas tiré tout de suite des conséquences assez étendues : mais cet aperçu, tout imparfait qu'il était encore, entra pour beaucoup dans une détermination qui fut, après cet entretien, le résultat de réflexions assez longues.

Sans doute, il était difficile d'allier Bonaparte et la liberté ; mais n'en est-il pas ainsi de presque tous les hommes qui ont en main la puissance? Prétendre qu'ils nous fassent de la liberté un don

volontaire , est une négligence absurde et niaise.
Guillaume III s'était montré despote en Hollande:
il espérait bien le devenir en Angleterre, au mépris de ceux qui l'avaient appelé, et avec le secours
de ses gardes hollandaises, dont on eut tant de
peine à obtenir le renvoi. Ce fut en luttant obsti-
nément contre lui, que les Whigs empéchèrent
la maison d'Orange d'imiter celle des Stuart
qu'elle avait remplacée. Les Torys servirent aussi
par leur résistance : leur attachement à un autre
qu'à Guillaume décrédita, aux yeux de ce dernier,
des théories de pouvoir absolu, dont il se fût volontiers saisi pour son usage.

Ainsi, les causes justes profitent de tout , des
bonnes intentions comme des mauvaises, des calculs personnels comme des dévouemens courageux, de la démence enfin , comme de la raison.

LETTRE III.

*Premières discussions avec Bonaparte sur la
Constitution projetée , et première cause des
vices de cette Constitution.*

J'ai dit, en finissant ma Lettre précédente, que
Bonaparte m'avait demandé, lors de notre pre-

mière entrevue, des idées applicables au gouvernement constitutionnel qu'il promettait d'offrir à
la France. Je n'étais pas le seul qui eût reçu de lui
cette invitation. On a voulu m'attribuer l'acte
additionnel en entier. J'indiquerai plus tard quels
articles m'appartiennent dans cette œuvre imparfaite et rédigée à la hâte, et de quels autres
articles je puis me croire plus ou moins responsable,
pour les avoir approuvés ou consentis. Maintenant je ne serai qu'historien, et je raconterai sim-
plement des faits.

Lorsque j'entrai chez Napoléon, je le trouvai
tenant en main beaucoup de papiers. C'étaient des
projets de constitution. « Lisez, » me dit-il, « on
m'en envoie de toutes les espèces. »

Il ne tiendrait qu'à moi d'amuser mes lecteurs
en leur citant les noms de quelques-uns des auteurs
de ces projets. On en trouverait plusieurs qui
depuis se sont montrés sévères envers ceux qui
avaient participé aux Cent Jours.

Dans le nombre, il y avait des déclamations
bien intentionnées en faveur des formes républicaines, des amplifications telles qu'on en fait depuis
deux mille ans, sur les droits de l'homme, mais sans
aucune indication des moyens praticables pour les
garantir. Il y avait des plans d'organisation tellement subtils et compliqués, que les rouages n'au-

raient pu être mis en mouvement pendant une heure. Il y avait enfin force flatteries, force avertissemens au pouvoir contre le peuple, force dissertations pour prouver que la publicité, les discussions, les réunions de citoyens, l'élection populaire, la liberté de la presse, étaient autant d'écueils qu'il fallait par-dessus tout éviter.

Je me rappelle, entre autres, une esquisse de république où l'on proposait des inquisiteurs d'état, un conseil des dix, des censeurs pour exclure de toute fonction les candidats suspects, des assemblées soigneusement privées de l'initiative et réduites au silence, des lois préventives, le tout dirigé, comme de raison, contre les ennemis de la liberté. Bonaparte, en me communiquant cet écrit, ne put s'empêcher de sourire. « C'est l'ouvrage d'un de vos républicains, » me dit-il, « il a fait son éducation constitutionnelle dans la convention. »

Il me fit lire aussi l'explication que lui envoyait, avec des conseils respectueux sur la ligne qu'il devait suivre pour reconquérir son pouvoir dans toute son étendue, un homme qui se justifiait de n'avoir pas signé la fameuse déclaration du Conseil d'État. Cet homme motivait son refus de souscrire cette déclaration sur sa haine pour la souveraineté du peuple, et son dévouement à l'Empereur.

Trois mois après, il a motivé le même refus sûr sa haine pour l'usurpation, et son dévouement à la légitimité.

Après avoir causé pendant quelque temps de ce fatras de notions confuses, parmi lesquelles on n'entrevoyait pas une idée applicable qu'on pût emprunter, nous abordâmes les questions sérieuses. Soit que Napoléon se réservât de renverser, après la victoire, l'édifice qu'il laissait construire pour que la nation le soutînt dans la lutte, soit qu'il fût momentanément sincère dans l'essai qu'il voulait faire d'institutions libres, il ne disputa guère sur le fond des choses, et toutes les garanties nécessaires dans une constitution représentative, furent convenues sans opposition ; mais il se montra inflexible sur la forme ; et mes efforts, pour le ramener à mon opinion, furent inutiles.

J'avais dégagé ce que je lui proposais de tout vestige de ces constitutions impériales, et de ces sénatus-consultes organiques, qui avaient fait peser sur la France pendant douze années un intolérable despotisme, et j'avais évité toute mention de l'empire, comme antécédent du gouvernement qui allait s'établir. « Ce n'est pas là ce que j'entends, me dit-il ; vous m'ôtez mon passé, je » veux le conserver. Que faites-vous donc de mes » onze ans de règne ? J'y ai quelques droits, je

(33)

» pense ; l'Europe le sait. Il faut que la nouvelle
» constitution se rattache à l'ancienne. Elle aura
» la sanction de plusieurs années de gloire et de
» succès. »

Je luttai fortement contre cette idée. Je ne déguisai point à Bonaparte qu'il avait plus besoin de popularité que de souvenirs, et que ceux dont il voulait se faire des appuis étaient bien plutôt des obstacles.

Il persista, et après l'avoir vu plusieurs fois disposé à renoncer à tout essai de gouvernement constitutionnel, je crus devoir céder.

Je craignais de reperdre, en disputant sur une rédaction indifférente en réalité, ce que je considérais comme un avantage prodigieux, comme un gain presque inespéré, une assemblée nombreuse, composée d'élémens très nationaux, et une indépendance complète dans la manifestation et la publication des pensées. Ces deux choses me paraissaient assurer à la France des moyens infaillibles de ne pas retomber sous le joug de ces constitutions antérieures que je me proposais de détruire en les citant.

Il y avait d'ailleurs dans le système de Bonaparte, à cet égard, des argumens de fait très plausibles et indépendans de l'intérêt personnel qui les dictait. Toutes nos lois, civiles et criminelles,

2ᵉ *Partie.*   3

l'organisation de toute notre administration intérieure, la hiérarchie et les attributions de tous les
pouvoirs se rattachaient de près ou de loin aux
institutions qu'il avait imposées à la France depuis 1800 jusqu'en 1812. Déclarer toutes ces institutions abrogées, sans rien mettre à leur place,
était impraticable, et il n'était guère moins impossible de les remplacer dans un moment où la
guerre à soutenir contre l'Europe entière devait
remplir tous les instans et absorber toutes les
forces.

Les craintes que la simple mention des constitutions précédentes et des sénatus-consultes organiques excitait dans beaucoup d'esprits, étaient
manifestement très exagérées. Toutes les dispositions astucieuses ou violentes, accumulées dans
les décrets de l'empire ou du sénat impérial, se
trouvaient virtuellement révoquées par la nouvelle constitution, puisqu'elle abrogeait tout ce
qui lui était contraire. Les mandataires de la
France, imposans par leur nombre, choisis dans
le sein du peuple, par une élection vraiment nationale, investis de l'initiative et de la liberté de
la tribune, devaient infailliblement, à l'aide de
ces deux moyens irrésistibles, foudroyer l'œuvre
ténébreuse et surannée que la servitude avait au-
refois rédigée à huis clos. Pour juger équitable-

ment l'acte additionnel, il ne faut jamais perdre de vue la puissance de la Chambre des représentans, puissance telle, qu'elle rendait tout despotisme impossible. » Jamais tyran » a dit un orateur dont le témoignage ne sera pas soupçonné de bienveillance (1), » jamais tyran ne résistera » à une assemblée forte de son indépendance, et » qui pourra se faire entendre, et électriser les » têtes de la multitude. » Que cet orateur ait conclu de cette vérité que tous ceux qui ont coopéré à l'acte additionel étaient des instrumens serviles d'un conquérant dont ils ne faisaient que rédiger les volontés absolues, ce n'est pas là la question. Je prends ici acte de l'aveu, sans m'imposer la tâche inutile de réfuter des conséquences qui se réfutent assez d'elles-mêmes.

Je crus donc, après plusieurs tentatives infructueuses, devoir sur ce point céder à l'inébranlable décision que Bonaparte annonçait. Mais tout en expliquant ma condescendance, je ne la reconnais pas moins aujourd'hui, et je n'ai pas tardé même alors à la reconnaître, pour une erreur et un tort.

Je jugeai mal l'état de l'opinion. Je m'aveuglais;

_____

(1) M. de la Bourdonnaye, proposition d'amnistie.

ainsi que Napoléon, et j'étais plus inexcusable, puisque je devais être plus impartial que lui, sur la nécessité de captiver cette opinion dévenue ombrageuse. Je crus qu'on pouvait mettre toute une nation dans la confidence d'un secret, et qu'elle démêlerait, à travers une forme suspecte, la libéralité des principes et l'efficacité des sauve-gardes, oubliant que les dehors seuls frappent les masses, et que les vices de la forme que ma résignation avait adoptée, prêtaient une force immense à des adversaires adroits, acharnés et peu scrupuleux. Ce fut certainement une grande faute que de réimprimer sur le pacte solennel qui pouvait rattacher la France à son ancien chef, les stigmates de la tyrannie exercée par lui à une autre époque.

J'eus donc tort dans cette occasion, et je reconnais ce tort d'autant plus franchement, que j'aurais dû être éclairé sur la possibilité de l'éviter par un trait de caractère de Bonaparte qui m'avait déjà, je crois l'avoir indiqué ailleurs, singulièrement frappé. J'avais remarqué qu'une assertion positive, laconique, et après laquelle on n'opposait à ses objections que le silence, produisait sur lui un effet qui allait toujours en croissant, et qu'il cherchait vainement à surmonter. J'en avais eu la preuve dès la première heure, et bien que l'anecdote que je vais raconter ne se lie point au

sujet principal de cette Lettre, je la rapporte parce
qu'elle aurait dû m'indiquer la conduite à tenir,
dans toutes les circonstances où il était désirable
de forcer Bonaparte à renoncer à quelqu'un de
ses projets.

Il m'avait parlé des tentatives de toute espèce que
l'on avait tramées contre lui, lors de son retour de
l'île d'Elbe, et il avait nommé M. de Vitrolles,
comme devant en porter la peine ; ce dernier
m'était et m'est encore parfaitement inconnu. Il
ne m'intéressait que comme un individu dans les
fers, et menacé de la mort. Mais j'avais saisi cette
occasion de dire à Bonaparte qu'une seule goutte
de sang versé par son ordre, dans les circonstances
où nous nous trouvions, mettrait tous les hommes
honorables hors d'état de le servir. Il m'avait ob-
jecté de faux *moniteurs* imprimés à Toulouse, et
des assassins payés, disait-il, pour attenter à sa
vie. Sans répondre à des faits de la vérité desquels je ne pouvais juger, j'avais répété mon assertion précédente. Il avait continué à la combattre
par des raisons tirées de l'inégalité de sa position et de la légitimité de la défense. Je n'avais pas
répliqué, mais je le voyais agité de l'idée que toute
rigueur politique lui enlèverait des soutiens nécessaires, et rejèterait sur son nouveau règne l'o-
dieux des souvenirs du premier. Après une con-

versation , ou , pour mieux dire , un monologue
de plus d'un quart d'heure , sans que j'y prisse
aucune part : « Je ne pense plus à M. de Vitrol-
» les, me dit-il ; je ne sais pas si je le ferai juger,
» je n'en crois rien. Je pense au duc d'Angou-
» lème. J'ai déjà donné des ordres pour qu'il ne
» coure aucun danger. Mais je crains la fureur
» des paysans et celle des soldats. Ils ne veulent
» pas de la capitulation qu'on a faite. J'enverrai
» un courrier cette nuit encore; je n'ai point de
» haine , je n'ai nul besoin de vengeance. Tout
» est changé , il faut que l'Europe le sache et le
» voie. »

Je ne cite point ce fait particulier pour réclamer un mérite qui ne m'appartient en aucune
manière; l'idée de M. le duc d'Angoulême ne s'é-
tait point offerte à moi. J'ai voulu montrer seulement à quel point un mot suffisait pour frapper
Bonaparte , et lui faire considérer les questions
sous un nouveau jour, et combien , par conséquent, l'on avait en l'approchant , de moyens
d'influer sur ses déterminations , quand on lui
parlait avec conviction , sans l'irriter ensuite par
une dispute prolongée. Je raconterai une autre
anecdote du même genre , quand je traiterai de
son abdication.

Il eût donc mieux valu , j'en conviens sans

peine, essayer ce qu'aurait produit sur lui le refus positif de coopérer à toute rédaction qui n'aurait pas eu pour première base l'abolition entière de ce qu'il avait institué jusqu'alors dans l'intérêt de son despotisme. La constitution nouvelle eût été jugée plus impartialement, et le mouvement national, que l'acte additionnel sembla paralyser au moment où la France avait le besoin le plus impérieux de ce mouvement pour se défendre, n'eût pas éprouvé un échec irréparable qui a plus contribué à nos défaites, j'en suis convaincu, que l'inégalité du nombre et l'habilité prétendue des généraux ennemis.

LETTRE IV.

Vices de l'Acte additionnel.

Avant de continuer à remplir la tâche que je me suis imposée, celle de rendre compte des faits relatifs à l'époque des Cent Jours, avec une franchise entière quant à ce qui m'est personnel, mais en évitant tout ce qui pourrait inquiéter ou blesser des individus dont je ne prétends point juger les actions, je crois devoir répondre à une objection qui n'est pas sans quelque force apparente, mais qu'une simple explication fera, si je ne me trompe, aisément disparaître. Je me déclare aujourd'hui, dit-on, le zélé défenseur de tout ce qui existe, et en même-temps je retrace les entretiens que j'eus avec Bonaparte pour remplacer tout ce qui existait. Oui : je suis le zélé défenseur de ce qui existe, parce que ce qui existe, si ce qui existe est maintenu, assure à la France, et l'indépendance au dehors, et la liberté dans l'intérieur. Je suis le zélé défenseur de ce qui existe, parce qu'avant tout ou presque avant tout (car, certes, je n'étends pas ce principe jusqu'au gouvernement d'Alger ou de Tripoli), je déteste les révolutions. Je suis le zélé défenseur de ce qui existe, parce que la monarchie constitutionnelle, et avec elle tout ce qu'elle comprend, tout ce qu'elle consacre, la succession régulière, l'inviolabilité du Monarque, et toutes ses prérogatives légitimes, me paraissent la meilleure forme de gouvernement. Quand j'ai eu avec Bonaparte les entretiens que je raconte, rien n'existait, tout avait été violemment détruit, et je n'avais pas (on l'a vu suffisamment) secondé cette destruction : je l'avais au contraire combattue. Mais il eût fallu, non pour conserver ce qui existait, mais pour rétablir ce qui n'existait plus, courber la tête devant l'étranger, lui livrer notre territoire; il eût fallu courir la chance, de voir, non pas le Roi éclairé qui nous gouverne, mais la faction qui avait causé tous nos maux, nous imposer, sous des drapeaux russes ou anglais, des lois oppressives et un régime de sang.

Il n'y a donc nulle incompatibilité, nulle contradiction entre mes récits d'un fait passé et ma profession de foi actuelle. Je dirai plus, il y a identité de principes. Si, après le 20 mars, je me suis réuni à un homme dont j'avais si long-temps pris soin de m'éloigner, comme j'ai eu pour but, en agissant ainsi, de contribuer de tout mon pouvoir à prévenir de nouvelles secousses, nul ne peut supposer raisonnablement que j'aspire à des secousses nouvelles, aujourd'hui que nous possédons un pacte fondamental par lequel la liberté comme la stabilité se trouve garantie. Ce pacte avait, en moins de trois ans, acquis une solidité presque merveilleuse, tant la sagesse de la nation est puissante; ce pacte est de nature à suffire à tous nos besoins. Je veux donc ce qui existe, tout ce qui existe; et les seuls ennemis que je combatte, sont ces agens incapables et présomptueux qui, ne voyant dans les institutions que des moyens d'intrigue, se croient le droit de nous les ravir toutes les fois qu'elles les contrarient sur leurs vues personnelles ou les alarment sur leur pouvoir.

J'ai répondu, maintenant je continue.

Je n'offrirai point à mes lecteurs un récit détaillé des discussions qui eurent lieu sur la rédaction de l'acte additionnel. En rédigeant ces Mémoires en forme de lettres, j'ai eu pour but de me réserver la faculté de n'y insérer que ce qui me paraîtrait sans inconvénient. Je ne rapporte aucun fait qui ne soit vrai ; mais il n'entre point dans mon plan de révéler tous ceux qui sont à ma connaissance. Nuire aux personnes, sans utilité pour la chose publique, est non-seulement déplacé, mais coupable. Je n'indiquerai donc point les auteurs de quelques articles qu'on a censurés avec justice. Mais j'expliquerai comment certains défauts évidens se glissèrent dans cet acte, en me rappelant toutefois qu'il faut être court, lorsqu'on parle d'une institution rentrée dans le néant et condamnée à l'oubli.

Les vices de l'acte additionnel étaient nombreux et frappans.

Le premier, dont j'ai parlé dans la Lettre précédente, était la liaison de cet acte additionnel avec les constitutions de l'empire, si justement réprouvées par la nation. J'ai expliqué quelle

fut la cause de cet amalgame impolitique, pourquoi j'y avais consenti, et comment j'avais eu,
de mon propre aveu, tort d'y consentir.

Indépendamment de cette imperfection essentielle, d'autres défauts encore défiguraient cette
nouvelle constitution de la France.

Le silence gardé sur la confiscation remplissait
les esprits de pressentimens sinistres. Une pairie
sans tradition et sans opulence, révoltait, par la
création arbitraire d'une oligarchie factice, les
amis de l'égalité. Un mode d'acceptation illusoire
semblait nous ramener aux époques ou, consulté
pour la forme, le peuple sanctionnait, par un assentiment commandé d'avance, ce qu'on lui imposait (1) de plus contraire à tous ses désirs.

---

(1) Je ne parle pas du fameux article 67, article ridicule
et impuissant, attentatoire à tous les principes professés par
Bonaparte, puisqu'il limitait la souveraineté nationale, et
qu'il la limitait sans organiser aucun moyen de faire respecter l'interdiction qu'il essayait de prononcer. Je n'ai
point à défendre cet article, il fut introduit subitement
dans la dernière lecture publique qui eut lieu peu de jours
avant la promulgation de l'ensemble, et je l'ai toujours attribué à Napoléon lui-même ; proposer un pareil article devait
paraître une absurdité à tout homme raisonnable ; de semblables dispositions ne se décrètent point, mais le combattre
était impossible. La déclaration qu'il contenait n'était pas

Comment de tels vices s'introduisirent-ils dans un ouvrage rédigé par des hommes dont plusieurs n'étaient dépourvus ni de patriotisme, ni de lumières, ni de prévoyance ? C'est à résoudre cette question que je vais m'appliquer.

Quant au mode de présentation de l'acte additionnel, et à la mise en activité de cette constitution, avant même qu'elle fût acceptée, nul doute que, par ce mode, l'on n'encourût une objection qui devait frapper les esprits les plus vulgaires. On déclarait en quelque sorte que la cérémonie de l'acceptation n'était qu'illusoire, puisqu'on se tenait pour assuré d'avance que cette acceptation aurait lieu.

Les adversaires de l'acte additionnel devaient profiter de cet avantage, et ils en profitèrent. On mit les déclamations démocratiques au service des

plus forte, et elle était mille fois moins injurieuse que tant de harangues prononcées volontairement durant douze années. Cette déclaration n'impliquait rien de plus que le serment prêté si souvent à Napoléon. Il était clair qu'en promettant de le soutenir, lui et sa famille, on promettait de s'opposer à ce que tout autre le renversât. C'est ainsi que l'ont envisagé, sans doute, tous ceux qui assistèrent à cette lecture, car nul ne s'y opposa, et dans le nombre des auditeurs étaient beaucoup de gens qui se proclament aujourd'hui zélés partisans de la légitimité.

intentions contre-révolutionnaires. Les partisans du droit divin empruntèrent le langage de la république pour attirer à eux les républicains. Ils parlèrent avec indignation d'une constitution octroyée, d'une forme de gouvernement imposée au peuple sans son aveu. On eût dit des tribuns factieux parlant sur la place publique; c'étaient des courtisans déguisés, intriguant dans l'ombre.

Il y avait toutefois de la justesse dans leur raisonnement; et comme il y avait de la justesse, il y avait aussi de la force. Si la France se fût trouvée dans des circonstances paisibles, il eût incontestablement mieux valu que l'acte additionnel eût été soumis à la discussion d'une assemblée; qu'on n'eût pas été forcé de voter sur l'ensemble; que chaque citoyen eût pu en rejeter une partie, en adoptant le reste.

Mais tout en convenant de ces vérités, il est équitable aussi de se demander, si dans les conjonctures où se trouvait la France, sous le poids d'une dictature à la quelle il était pressant de mettre un terme, on pouvait suivre une route différente de celle qu'on a prise; si, en agissant de la sorte, loin de vouloir porter atteinte aux droits de la nation, l'on ne donnait pas au contraire une preuve évidente de loyauté et de bonne foi, en lui assurant une jouissance plus prompte et plus certaille des droits mêmes qu'on paraissait méconnaître.

En effet, ce n'était qu'en adoptant le modèle plus rapide, dût cette rapidité le rendre moins régulier, moins conforme aux principes, que l'on passait enfin de l'état de dictature au régime constitutionnel. Toutes les formalités nécessaires pour réunir une assemblée constituante, la convocation des colléges électoraux, ou si on l'eût voulu, d'assemblées primaires, pour élire des députés chargés d'examiner le pacte constitutionnel, l'arrivée de ces députés à Paris, les formes indispensables pour la vérification de leurs pouvoirs et la légalité de leurs travaux, leurs discussions, leurs dissentimens, auraient ajourné la rédaction seule de la constitution, jusqu'à une époque fort au-delà de celle où la grande question de la guerre étrangère aurait été décidée. Durant ce long espace de temps, Bonaparte aurait conservé nécessairement la somme totale du pouvoir, et vainqueur de l'Europe, il eût pu éblouir de nouveau la France de sa gloire, ou du moins la servitude, habile à parodier l'enthousiasme, aurait pu lui livrer encore une fois nos libertés.

Certes, si les hommes qui l'environnaient n'eussent point voulu de constitution, s'ils n'eussent aspiré qu'à consolider son despotisme et à l'exercer

sous son égide, si leur but avait été d'atteindre par
de vaines promesses le moment où celui qui disposait des hommes et des trésors serait dégagé
par la victoire de tous ses engagemens, il leur eût
suffi de lui conseiller de rendre un hommage appa-
rent à la souveraineté nationale. Par le mode qu'ils
adoptaient, ils enlevaient cette chance au conquérant qu'ils voulaient transformer en chef constitutionnel. Ils rapprochaient autant qu'il était en leur
puissance l'instant où le régime légal devait être
mis en vigueur, des corps nombreux et forts borner le pouvoir, la liberté de la presse reprendre
son empire, la responsabilité des ministres soutenir
des agens corrompus ou trop zélés.

Loin donc de faire un crime à ceux qui coopé-
rèrent à l'acte additionnel du mode d'adoption
qu'ils proposèrent, on eût dû plutôt leur en savoir
gré. Ils prouvaient leur franchise : ils constataient
leurs intentions patriotiques.

Je n'en dirai pas autant du silence de l'acte
additionnel relativement à la confiscation, ce silence
était une imperfection beaucoup plus sérieuse.
C'était un tort grave en morale, et une haute
imprudence en politique. Mais aucun des membres
du Gouvernement n'eut cette omission à se reprocher ; nous fîmes tous des efforts réitérés pour que
cet article de la Charte fût inséré dans acte addi-

tionnel ; nous revînmes à la charge plus d'une fois, chacun en particulier, tous réunis. Lorsque l'espèce de comité de constitution, qui se composait en partie des présidens de section, présenta l'acte additionnel à une assemblée du Conseil d'état, les instances se renouvelèrent. Il n'y eut pas un individu qui n'élevât courageusement la voix. L'assemblée témoigna le désir unanime de voir la confiscation abolie, et nous chargea de la mission formelle de porter à Bonaparte ses pressantes sollicitations. Nous remplîmes ce devoir avec insistance et scrupule, lors de la dernière conférence, le 21 avril à minuit.

Alors (et c'est la seule fois, je dois ici le dire, où j'ai vu Bonaparte impatient du frein que l'opinion lui imposait, s'efforcer de nous réduire au silence et de ressaisir malgré nous le tyrannie), alors il se leva, promenant autour de lui des regards de mécontentement et d'irritation : « On me pousse, » s'écria-t-il, dans une route qui n'est pas la mienne. » On m'affaiblit, on m'enchaîne. La France me » cherche et ne me trouve plus. L'opinion était » excellente, elle est exécrable. La France se de- » mande qu'est devenu le vieux bras de l'Empereur, » ce bras dont elle a besoin pour dompter l'Europe. » Que me parle-t-on de bonté, de justice abstraite, » de lois naturelles ? La première loi, c'est la né-

» cessité ; la première justice, c'est le salut public.
» On veut que des hommes que j'ai comblés de
» biens s'en servent pour conspirer contre moi dans
» l'étranger. Cela ne peut être, cela ne sera pas ;
» chaque français, chaque soldat, chaque patriote
» aurait droit de me demander compte des richesses
» laissées à ses ennemis. Quand la paix sera faite,
» nous verrons. A chaque jour sa peine, à chaque
» circonstance sa loi, à chacun sa nature. La mienne
» n'est pas d'être un ange. Messieurs, je le répète,
» il faut qu'on retrouve, il faut qu'on revoie le
» vieux bras de l'Empereur. »

Cet emportement qui se renouvela, dans cette
séance, chaque fois que nous revînmes sur cet
article, décida enfin plusieurs d'entre nous à sus-
pendre momentanément toute représentation ultérieure.

Il fallait, dira-t-on, résister jusqu'au bout, con-
traindre Bonaparte à obtempérer aux sollicitations
de tout son conseil, et l'abandonner, si son
obstination était invincible. Tel ne fut l'avis d'aucun des spectateurs de cette scène affligeante. Tel
ne fut pas le mien, et tel il ne serait pas dans la
même occurrence encore aujourd'hui.

Plus Napoléon semblait, en exigeant que tout ce
qui avait trait à la confiscation fût passé sous silence,
trahir l'arrière-pensée de la rétablir, plus il fallait

se hâter de lui opposer une autorité qui bornât la
sienne, et dans ce but, écarter toutes les difficultés
qui menaçaient de retarder l'époque d'un régime
constitutionnel. Le silence sur tous les points con-
testés était ce que nous pouvions obtenir de mieux
jusqu'à la convocation des assemblées représentatives. Ajoutons que dans tous les codes l'abolition
de la confiscation n'est qu'une vaine forme, si
l'esprit public n'entoure cette disposition de son
énergie. La véritable et seule garantie contre la
confiscation, comme contre tous les autres abus,
est dans la représentation nationale. Si cette représentation est asservie ou perverse, les principes
écrits ne servent de rien. On trouve d'autres mots
pour les mêmes choses, et des circonstances pour
toutes les violations. Quant au contraire la représentation nationale est impartiale, indépendante
et vraiment amie de la liberté, elle proscrit la confiscation, lors même que la constitution se tait sur
ce point. La preuve en est, qu'à peine l'acte additionnel, qui avait passé sous silence l'abolition de la
confiscation, commença-t-il d'être exécuté, que
cette abolition fut demandée avec instance par la
Chambre des représentans, tandis que, sous l'empire de la Charte, malgré l'abolition formelle de
la confiscation, la Chambre de 1815 essaya de la
rétablir.

Car, il ne faut pas oublier que les mêmes hommes,
écrivains et députés, qui avaient reproché si amèrement à l'acte additionnel une omission que la
Chambre créée par l'acte additionnel s'empressa de
réparer, furent les premiers qui voulurent introduire de nouveau, au mépris de la loi fondamentale,
le système spoliateur de la confiscation dans une
mesure de douceur et de clémence. Mes lecteurs
ne peuvent avoir oublié l'article 5 de la proposition
d'amnistie substituée à celle du Roi par la commission de la Chambre de 1815 et le discours d'un
membre de cette Chambre à l'appui de cette proposition. « Rendre des coupables passibles d'in-
» demnités, disait-il, c'est satisfaire au principe que
» celui qui a causé un dommage doit le réparer.
» L'article de la Charte sur la confiscation ne peut
» être invoqué. Si le mot indemnité, « ajoutait la
Commission elle-même, » fait craindre le retour de
» la confiscation, on peut le changer en celui de
» peines pécuniaires. »

Les journalistes du même parti développèrent
ces principes avec zèle et complaisance. « Je sais »
écrivait l'un d'entre eux, qui durant les Cent Jours
s'était distingué par son opposition contre Bonaparte « je sais qu'il n'y a rien de plus sacré dans
» un état que le droit de propriété, et, par consé-
» quent, rien de plus inviolable que la loi qui la

4..

» garantit. Je sais que notre Charte constitution-
» nelle abolit avec raison la peine de la confiscation,
» cette peine odieuse qui punissait dans un cri-
» minel toute sa postérité innocente, et tendait
» des piéges à la justice du Monarque par le profit
» qu'il avait à trouver des coupables. Mais je sais
» aussi, et l'histoire de tous les peuples en fournit
» mille exemples, qu'il y a des circonstances où
» l'exécution des meilleures lois deviendrait pré-
» judiciable à l'État. Je sais que dans les circon-
» stances extraordinaires, il faut s'armer de l'esprit
» de la loi contre la loi même, et ne pas mettre la
» république en péril par un vain respect pour la
» constitution.... Nos inquiétudes peuvent être
» dissipées sans confiscation de biens.... c'est en
» jurisprudence un principe incontestable et d'une
» pratique journalière, que dans tout délit qui
» porte dommage, la satisfaction entraîne deux
» choses, la peine méritée par l'auteur du délit et la
» réparation due à celui qui a souffert. Notre ruine
» est l'ouvrage de quelques hommes. Leur punition,
» quelle qu'elle soit, les acquitte-t-elle envers nous?
» et leurs fortunes ne doivent-elles pas répondre
» du tort fait aux nôtres?... On voit qu'il ne s'agit
» point ici de confiscations, la confiscation existe
» quand la perte des biens est la suite d'un délit,
» et non quand elle est la réparation d'un tort....

» Autre chose est de confisquer un bien, ou de
» prendre sur ce bien une indemnité. Autrement,
» celui qui conspire contre la patrie, courrait
» moins de dangers que celui qui n'attaque qu'un
» citoyen.... La Charte abolit à jamais la confisca-
» tion. La Charte est sacrée et je me prosterne
» avec respect devant l'arche sainte, gage et sym-
» bole du salut de tous. Mais toutes les lois du
» Royaume admettent les amendes et confient à
» l'intégrité, au discernement des juges, le soin
» d'en fixer la quotité (1). »

Et quand on objectait à ces hommes ce qu'ils
avaient dit six mois auparavant, quand on leur demandait si l'essence des choses et les principes du
juste et de l'injuste avaient subitement changé, veut-
on savoir ce qu'ils répondaient? « Non, disait-ils, les
» principes n'ont pas changé d'une saison à l'autre,
» mais d'une saison à l'autre, nous avons passé de
» l'empire de Bonaparte à celui de Louis XVIII,
» et c'est ce qui produit naturellement cette diffé-
» rence.... Nous étions sous un tyran, nous sommes
» sous un roi...; nous étions sous un usurpateur,
» nous sommes sous un roi légitime (2). »

(1) Journal général, octobre 1815.

(2) Même Journal. Même mois.

'Ainsi, c'est sous un Roi légitime que la confiscation doit s'exercer, c'est sous un usurpateur qu'elle
doit disparaître. Certes voilà de singuliers ennemis
de l'usurpation, et d'étranges amis de la légitimité!

Je terminerai cette Lettre, devenue trop longue
pour que je puisse traiter de quelques autres vices
de la constitution des Cent Jours, par un fait qui
m'est personnel. Je le rapporte, et parce qu'un témoin dont nul ne révoquera la véracité en doute,
pourrait l'attester au besoin, et parce qu'il prouve
dans quelles intentions les amis de la liberté s'é-
taient ralliés à Napoléon.

La violence qu'il avait apportée à maintenir la
confiscation, son appel répété au vieux bras de
l'Empereur, à ce bras qui avait si long-temps pesé
sur la France, m'avaient profondément affligé. J'y
voyais pour la première fois les symptômes d'une
révolte contre le joug constitutionnel, révolte ridicule dans un prince faible, mais terrible dans un
homme doué d'un vaste génie et d'immenses facultés. Cette disposition était menaçante et paraissait,
pour se développer, n'attendre que la victoire.

En sortant de l'Elysée, je pris à part l'homme de
France dont l'amitié m'est la plus précieuse, le
général Lafayette. « Je suis entré, » lui dis-je,
» dans une route sombre et douteuse, et je crains
» d'avoir conçu une entreprise au-dessus de mes

» forces. Je vois l'Empereur revenir par momens
» à d'anciennes habitudes qui m'affligent. Il a
» pour moi de la bienveillance et j'en suis re-
» connaissant; peut-être ne serais-je pas toujours
» impartial. On ne peut guère auprès du pouvoir
» répondre de soi-même. Souvenez-vous de ce que
» je vous dis maintenant, surveillez-le, et si jamais
» il vous paraît marcher au despotisme, ne croyez
» plus ce que je vous dirai dans la suite. Ne me
» confiez rien; agissez sans moi et contre moi-
» même. »

Cet avertissement produisit sur M. de Lafayette,
une impression qu'il m'a souvent rappelée; et dans
des momens où une rupture avec Napoléon n'était
pas sans un danger grave, le souvenir des craintes
que je lui avais confiées eut une influence peut-
être trop décisive sur sa conduite, et par là même
sur nos destinées. Mais il ne faut pas devancer les
faits.

LETTRE V.

Opinion de Bonaparte sur la Pairie.

J'AI rapporté dans un autre ouvrage, ce que
Bonaparte disait de la pairie et des difficultés qu'il

apercevait à la faire adopter par la Nation; mais comme la pairie est la portion de l'acte additionnel qu'on a le plus amèrement attaquée, je dois reproduire ici les propres paroles de Napoléon, pour expliquer ensuite les raisons qui le déterminèrent à sacrifier son opinion personnelle aux conseils de ses alentours.

« La pairie, disait-il, est en désharmonie avec » l'état présent des esprits ; elle blessera l'orgueil » de l'armée, elle trompera l'attente des partisans » de l'égalité, elle soulevera contre moi mille pré- » tentions individuelles. Où voulez-vous que je » trouve les élémens d'aristocratie que la pairie » exige? Les anciennes fortunes sont ennemies, » plusieurs des nouvelles sont honteuses. Cinq ou » six noms illustres ne suffisent pas. Sans souve- » nirs, sans éclat historique, sans grandes pro- » priétés, sur quoi ma pairie sera-t-elle fondée? » Celle d'Angleterre est tout autre chose ; elle est » au-dessus du peuple, mais elle n'a pas été contre » lui. Ce sont les nobles qui ont donné la liberté » à l'Angleterre; la grande Charte vient d'eux, ils » ont grandi avec la constitution, et font un avec » elle; mais d'ici à trente ans, mes champignons » de pairs ne seront que des soldats ou des cham- » bellans; l'on ne verra qu'un camp ou une anti- » chambre. »

Il est difficile, je le pense, d'exprimer avec plus de force, et en moins de mots, les obstacles qui s'opposent à ce que la pairie se nationalise dans nos nouvelles institutions.

Cependant, peut-on affermir une monarchie constitutionnelle, sans y tolérer une magistrature héréditaire, qui oppose son élément de durée à l'action perpétuellement rénovatrice de l'élection populaire, action qui, par là même qu'elle prépare ce qui doit être, court toujours le risque d'ébranler plus ou moins la solidité de ce qui est ?

J'avoue que j'ai douté long-temps que cette possibilité existât, et que, disposé par caractère à me contenter de ce qui est tolérable, j'étais fort séduit par l'exemple de la constitution britannique qu'appuyait encore à mes yeux l'autorité de Montesquieu.

Aujourd'hui mon opinion, en thèse générale, est très ébranlée. Je dis en thèse générale, de peur qu'on ne se prévale de quelques-unes de mes paroles pour m'attribuer des intentions opposées à la Charte. Assurément, je suis loin d'attaquer, dans une de ses parties les plus importantes, cette Charte dont je voudrais conserver jusqu'aux dispositions les plus minutieuses, parce que la stabilité me semble, dans nos circonstances, préférable à tout.

Mais je ne puis nier que, spéculativement par-

lant, des considérations qui se sont graduellement
offertes à mon esprit, et des réflexions que m'ont
suggérées beaucoup d'expériences, ne m'aient
jeté dans une grande incertitude, moins peut-être
sur la nécessité que sur la possibilité de la pairie.
Avec notre disposition nationale, notre amour
pour l'égalité presque absolue, la division de nos
propriétés, leur mobilité perpétuelle, l'influence
toujours croissante du commerce, de l'industrie et
des capitaux en porte-feuille, devenus des élémens
au moins aussi nécessaires à l'ordre social actuel,
et sûrement des appuis plus indispensables aux
gouvernemens que la propriété foncière elle-même,
une puissance héréditaire qui ne représente que le
sol, qui repose sur la concentration du territoire
dans les mains d'un petit nombre, a quelque chose
qui est contre nature. La pairie, quand elle existe,
peut subsister, et on le voit bien, puisque nous en
avons une; mais, si elle n'existait pas, je la soup-
çonnerais d'être impossible.

Au commencement de 1815 mon opinion était
loin d'être aussi arrêtée.

Lors donc que Bonaparte me consulta sur l'introduction de la pairie dans son acte additionnel,
je ne fus frappé, je l'avoue, que des souvenirs inof-
fensifs de notre pairie de 1814, dont l'existence à
peine remarquée, n'avait ni excité l'envie, ni

provoqué l'irritation. Je vis dans une magistrature
héréditaire, une barrière de plus contre l'autorité
d'un homme, et je cherchais partout des barrières.
Mon avis fut en conséquence favorable à l'institution qu'on discutait, et cet avis, j'eus lieu de le croire,
eut sur l'esprit de Napoléon d'autant plus de pouvoir, qu'aucun motif personnel ne me déterminait.
Je n'ai jamais conçu qu'on pût mettre en balance
les présens du sort et le choix du peuple, et tant
qu'il me resterait sur cette terre la chance d'être
élu, je la préférerais à celle d'être nommé.

Ce que je disais à Bonaparte avec impartialité
et par conviction, d'autres le lui répétaient par
intérêt. Il est triste de le reconnaître, mais impossible de le nier; la passion de l'égalité se con-
cilie, dans beaucoup d'hommes, avec le goût des
distinctions qu'on leur offre; et le régime impérial
avait accoutumé trop de gens à tolérer les priviléges, quand ils en jouissaient.

Nous nous ressentirons long-temps de cette habitude qu'ils ont prise. Nous en voyons la trace dans
ce qui se passe chaque jour, et de là viennent les
désappointemens fréquens que les amis de la liberté éprouvent. Il faut le dire, car il faut tout dire,
et pour une nation qui navigue encore, et qu'on
rejette dans la haute mer, tous les écueils sont
bons à connaître. Il y a des oppositions de situa-

tion ; il y en a de principes : ces dernières seules offrent des garanties : les autres cessent quand la situation change, et la situation change quand l'autorité le veut. L'alliance du despotisme impérial et des priviléges contre-révolutionnaires est le beau idéal auquel aspirent les hommes du pouvoir ; ils ont raison : le Séide d'un conquérant peut fort bien devenir celui d'un ministre, quand ce ministre lui rend les avantages dont la chute du conquérant l'a privé. Tel, sous la cuirasse, était le fléau des peuples vaincus, qui, sous la toge, se retournant contre ses concitoyens, sera le fléau de la liberté dans sa patrie. Heureusement, l'alliance est trop difficile pour être jamais complète. Il y a une salutaire incompatibilité entre les vues de l'ancien régime et celles du nouveau ; et nous pouvons compter parmi nos sauve-gardes l'insolence de l'un et la vanité de l'autre.

Mais on conçoit qu'à l'époque où il s'agissait de décider si l'on exercerait ou non la pairie, tous les hommes avides de titres, de rubans, de manteaux d'hermine, appelaient de leurs vœux cette institution. Bonaparte éprouvait quelque répugnance à tromper les espérances de ses alentours. Il me disait un jour, au sujet des mots de monseigneur et d'altesse : « Il y a des gens pour qui, depuis dix ans, c'est une jouissance ; je la leur ai donnée ; si je la leur ôtais, ils en seraient tristes, j'aurais l'air de les punir. »

De plus, tout en analysant avec sagacité et finesse les difficultés que la pairie devait rencontrer, Napoléon lui-même avait pour elle un secret penchant : il pensait qu'une forte aristocratie facilitait la marche d'un gouvernement tel qu'il le concevait, et il se servait, à ce sujet, d'une comparaison assez ingénieuse, qu'il affectionnait de telle sorte, qu'il en a fait usage avec moi peut-être cent fois.

« Une constitution appuyée sur une aristocratie
» vigoureuse ressemble, disait-il, à un vais-
» seau. Une constitution sans aristocratie n'est
» qu'un ballon perdu dans les airs. On dirige un
» vaisseau, parce qu'il y a deux forces qui se ba-
» lancent ; le gouvernail trouve un point d'ap-
» pui, mais un ballon est le jouet d'une seule
» force ; le point d'appui lui manque ; le vent l'em-
» porte, et la direction est impossible. »

Il avait donc, durant son premier règne, travaillé constamment à créer une aristocratie : ses colléges électoraux, ses six cents plus imposés, ses *possidenti* en Italie étaient des essais dans ce sens : il ignorait ce que le pouvoir ignore toujours, c'est que rien ne se crée par artifice. La force créatrice en politique, comme la force vitale dans la nature physique, ne peut être suppléée par aucune volonté, par aucune loi ; le temps , les habitudes , les be= soins, l'opinion, sont les seuls élémens d'organisa- tion. L'action du pouvoir n'est que mécanique , et ses produits ne sont que factices. Il ne lui est pas plus donné d'instituer quelque chose sans ces élémens, qu'il n'est donné au statuaire de faire à coups de ciseau un être vivant ; on peut écrire des constitutions comme on peut sculpter des sta- tues ; mais les constitutions demeurent inappli- cables, comme les statues restent inanimées.

Enfin, Bonaparte , indépendamment de sa théorie sur la nécessité d'un contre-poids aristo- cratique , avait pour l'aristocratie de l'ancien ré- gime, une inclination, et pour ainsi dire, une fai- blesse de cœur qui ne fut pas sans influence sur ces résolutions. On raconte que Mirabeau, dont la jeunesse orageuse l'avait fait exclure, pendant quelque temps, de ce qu'on nomme la bonne com- pagnie, avouait à l'un de ses amis intimes, à l'époque où l'ascendant de la popularité et du gé- nie lui avait rendu toutes les entrées, qu'il ne voyait jamais, sans une sensation de plaisir, une porte cochère s'ouvrir devant lui : de même Bo- naparte éprouvait une certaine joie, quand un de nos anciens grands seigneurs passait à son ser- vice : il lui semblait qu'il en était souverain plus

légitime, lorsque les colonnes de la légitimité entouraient son trône, et sa satisfaction ne s'est point
usée jusqu'au dernier moment, bien qu'assurément
elle eût pu se calmer, vu la multiplicité des
jouissances.

La pairie lui sembla donc un moyen de reconquérir, dans un temps quelconque, cette noblesse
qu'il regrettait, cette noblesse dont il avait dit lui-
même qu'elle seule savait servir avec grâce, et qui,
après tout, car il faut être juste, ne l'avait abandonné que lors de ses revers. Il fut même tenté de
comprendre immédiatement dans sa pairie nouvelle, un grand nombre d'anciens nobles, et ce
ne fut qu'après une hésitation longue qu'il s'écria,
non sans tristesse : « Il faudra pourtant y reve-
» nir une fois ou une autre, mais les souvenirs
» sont trop récens : ajournons cela jusqu'après la
» bataille ; je les aurai bien, si je suis le plus fort:
» en attendant, laissons une porte ouverte ; après
» quelques façons, ils finissent toujours par
» entrer. »

LETTRE VI.

Impressions fâcheuses que les vices de l'Acte additionnel produisirent sur l'opinion.

Je crois avoir présenté à mes lecteurs l'énumération complète des vices qui devaient décréditer l'acte additionnel ; de ces vices, les uns ne peuvent s'attribuer à aucun des hommes qui furent consultés sur sa rédaction ; les autres furent l'effet naturel de la précipitation, du défaut du temps et de la difficulté des circonstances.

Sous le rapport des principes, cette constitution, bien qu'imparfaite, n'était inférieure à aucune de celles qu'elle semblait destinée à remplacer.

La liberté religieuse clairement reconnue, n'avait rien à craindre d'un privilège menaçant ou d'une inégalité injuste (1).

La liberté individuelle était à l'abri des vexations des subalternes, plus communes et plus oppressives que celle des chefs (2). Une modification

---

(1) Art. 62. La liberté des cultes est garantie à tous.
(2) Art. 61.

prochaine était solennellement promise à ce terrible article de la constitution de l'an 8, qui aujourd'hui encore crée deux cent mille inviolables en France, depuis le garde champêtre jusqu'au ministre, et livre à l'arbitraire de ces privilégiés d'espèces si diverses, la personne et la propriété de tous les citoyens (1).

Au nombre des mesures illégales, interdites à l'autorité, se trouvait l'exil, cette peine cruelle, malgré son apparente douceur, et que Bonaparte avait si capricieusement et si impitoyablement prodiguée (2).

La liberté de la presse obtenait, pour la première fois, l'indispensable sauve-garde du jury (3). Elle l'obtenait même, dans les cas où la peine infligée n'était que correctionnelle; disposition importante, puisque nous voyons aujourd'hui, faute de cette garantie, les écrivains réclamer sans cesse, et quelquefois inutilement, le bénéfice des cours d'assises, et regarder comme une faveur, dans cette législation singulière, l'avantage de pouvoir se faire juger criminellement.

Que si l'on prétendait que l'obligation imposée

_____

(1) Art. 5o.
(2) Art. 61.
(3) Art. 64.

2e *Partie.*   5

aux auteurs de signer leurs ouvrages , nuisait
à leur liberté légitime, j'observerai qu'aucune
peine n'étant prononcée contre ceux qui s'affran-
chiraient de cette obligation , une loi ultérieure
étant nécessaire, et devant subir une discussion publique dans une assemblée très indépendante , et les procès pour délit de la presse ayant
toujours des jurés pour juges , l'anonyme n'aurait
jamais été regardé que comme une circonstance
aggravante, dans le cas seul d'un délit, et alors la
disposition semble aussi juste que celle de beaucoup d'autres lois qui punissent certains crimes
avec d'autant plus de rigueur, qu'ils sont plus fa-
ciles à commettre , et que le criminel court d'autant moins de risque en les commettant.

Le pouvoir judiciaire était revêtu d'une solide
et réelle inviolabilité (1).

Un article soigneusement rédigé écartait la possibilité de ces tribunaux militaires qui se réin-
troduisent, avec une facilité si désastreuse , sous
toutes les formes de gouvernement , et sont les instrumens favoris de toutes les tyrannies (2).

---

(1) Art. 51. Les juges devaient tous être institués avant
le premier janvier 1816.

(2) Art. 54 et 55. Les délits militaires seuls sont du

Aucune levée d'hommes ne pouvait avoir lieu sans le concours de la puissance législative (1). Cette précaution manque dans les constitutions mêmes qui réservent aux représentans de la nation le vote de l'impôt ; et ces deux garanties sont pourtant également nécessaires pour assurer l'économie et la paix.

L'interprétation des lois n'était pas un privilège de la puissance exécutive, et cette arme dangereuse échappait aux mains des ministres (2).

Une responsabilité forte et claire était organisée, telle qu'aucun agent coupable ne pouvait s'envelopper des subterfuges d'une loi écrite, mais trouvait son accusation dans l'énergie d'une assemblée animée du sentiment populaire, et son jugement dans la conscience d'une autre assemblée moins passionnée et plus impartiale (3).

La Chambre des représentans, investie de prérogatives importantes, veillait sur ces institutions protectrices, elle était trop nombreuse, et composée

---

ressort des tribunaux militaires. Tous les autres délits, même commis par des militaires, sont de la compétence des tribunaux civils.

(1) Art. 25.
(2) Art. 58.
(3) Art. 39, jusqu'à 49.

5.

d'élémens trop nationaux, pour qu'on eût à redouter que la majorité de ses membres ne tombât dans
la dépendance en acceptant des places, ou se lais-
sât corrompre par des séductions plus secrètes à
la fois et plus ignobles.

Une route directe, tracée à l'expression des besoins ou des plaintes, les portait rapidement et
dans le public et vers le trône (1). Car, bien qu'on
ait reproché à l'acte additionnel de n'avoir pas
rendu à la représentation nationale une initiative
assez complète, tant ses adversaires d'alors étaient
délicats sur les priviléges populaires, les chambres
instituées sous Bonaparte, en 1815, possédaient
en réalité cette prérogative autant que la chambre
des communes d'Angleterre, avec cette seule différence, qu'en Angleterre le roi est obligé de prononcer son dissentiment, tandis qu'ici le silence
en tenait lieu.

Telle était la nouvelle constitution de la France.
Si je ne citais en sa faveur que l'autorité d'un des
plus anciens et des plus purs amis de la liberté (2),
l'on pourrait m'accuser de chercher, pour une
œuvre à laquelle j'ai coopéré, des juges parmi les
hommes dont je me fais gloire de partager les prin-

(1) Art. 24.
(2) M. Lanjuinais, Constitution de la France, t. I, p. 84.

cipes. Mais j'irai dans les rangs ennemis, et l'é-
loge sera moins suspect.

M. de Châteaubriand, dans son rapport au Roi,
fait à Gand, appelle l'acte additionnel la Charte
améliorée, et l'on ne peut s'empêcher de sourire en
voyant l'esprit de parti faire à Napoléon un crime
de cette amélioration. « La nouvelle constitution
» de Bonaparte, » dit-il à Louis XVIII, « est un
» hommage à votre sagesse; c'est, à quelques diffé-
» rences près, la Charte constitutionnelle. Bona-
» parte a seulement devancé, avec sa pétulance
» accoutumée, les améliorations et les complé-
» mens que votre prudence méditait. » M. de Châteaubriand ajoute ailleurs: « Bonaparte s'est emba-
» rassé dans ses propres adresses ; l'acte addition-
» nel lui sera fatal : si cet acte est observé, il y a
» dans son ensemble assez de liberté pour ren-
» verser le tyran. » Un autre de nos ennemis, non
moins acharné, a rendu aux coopérateurs de ce
projet de constitution un plus bel hommage encore. « Il est impossible, » dit M. de la Bourdon-
naie, dans ses propositions d'amnistie, « qu'entre
» les mains d'un soldat parvenu, le gouvernement
» ne fût pas devenu militaire et absolu, si l'ar-
» mée seule eût opéré son retour ; à mes yeux, la
» preuve la plus évidente d'une conspiration gé-
» nérale de tout le parti révolutionnaire, c'est la

» forme du gouvernement ; c'est le pouvoir de la
» Chambre des représentans. »

Ainsi, laissant de côté cette hypothèse d'une
conspiration, hypothèse cent fois refutée, il est
donc reconnu que, lorsque Bonaparte a reparu
sur les côtes de France, le résultat de cet évènement pouvait être un gouvernement militaire et
absolu, que c'est l'acte additionnel qui a mis
obstacle à ce résultat, et que ceux qui ont contribué à le rédiger ont coucouru par là à sauver la
France des caprices du despotisme et du pouvoir
de l'épée.

Ces avantages ne préservèrent point cette
ébauche de constitution d'une désapprobation à
peu près universelle. Jamais blâme ne fut plus
amer, jamais censure plus unanime. Chaque article
parut un piége, chaque disposition une pierre d'attente pour le pouvoir illimité. Les républicains se
réunirent aux royalites : l'exagération de bonne
foi adopta les arrêts de la perfidie.

Parmi les partisans de l'ancien gouvernement
de l'Empire, il y en eut aussi qui repoussèrent avec
irritation ou avec frayeur ces institutions qui leur
paraissaient un acheminement à la liberté. J'en
connais qui, dévoués à Bonaparte, pendant son
premier règne, fidèles encore dans les premiers
temps de son adversité, avaient compilé pour lui

des phrases sonores, et même, à l'instant de sa chute, inventé des rédactions assez nobles dans leur signification équivoque, qui, enfin, avaient salué son retour de leurs vœux secrets, et hasardé, après la réussite, l'offre de leur aide; mais qui le déclarèrent perdu, parce qu'il transigeait avec ce qu'ils nommaient l'anarchie. Ils avaient espéré un despote, on leur offrait une constitution, ils s'éloignèrent.

Ainsi Bonaparte eut à souffrir d'une partie de sa propre école; quand il voulut mettre ses intérêts sous la protection de la liberté, il porta la peine d'avoir sacrifié la liberté à ses intérêts, et une sévère expérience dut lui apprendre, qu'en faisant un certain degré de mal, on perd la faculté de faire le bien.

Ceux qui l'avaient secondé durent voir aussi qu'une difficulté qu'ils n'avaient pas prévue, embarrasserait leur marche, et déconcerterait leurs calculs. La défiance de la nation envers Bonaparte, ne leur avait paru qu'un heureux moyen de limiter sa puissance; mais cette défiance était en même temps un obstacle à ce que cette nation acceptât des présens d'une main suspecte, et à ce qu'elle défendît contre l'Europe, l'homme qu'elle redoutait; de la sorte, ce que l'on pouvait considérer comme une circonstance favorable à

notre liberté intérieure, devenait, pour notre indépendance extérieure, un grave danger.

Je vis Napoléon le surlendemain de la promulgation de l'acte additionnel. Eh bien! me dit-il,
la nouvelle constitution ne réussit pas. — C'est
qu'on n'y croit guère, répondis-je, faites-y croire
en l'exécutant. — Sans qu'elle soit acceptée! ils
diront que je me moque du peuple. — Quand le
peuple verra qu'il est libre, qu'il a des représentans, que vous déposez la dictature, il sentira
bien que ce n'est pas se moquer de lui. — Il réflé-
chit quelques instans. — Au fond, reprit-il, il y a
un avantage; en me voyant agir ainsi, on me croira
plus sûr de ma force, c'est bon à prouver. Et par
un motif différent du mien, mais qui conduisait
au même résultat, il dicta le décret portant convocation des colléges, pour procéder à l'élection
de la Chambre.

J'éprouvai, je l'avoue, une vive joie, et je
m'empressai de communiquer cette nouvelle à
l'homme que j'aimais à consulter comme ma conscience.

« Enfin le décret ordonnant la réunion des dé-
» putés a paru; écrivis-je au général Lafayette :
» voilà donc dans trois semaines la Nation maî-
» tresse de faire marcher la constitution. Je suppose
» que vous allez être élu, mon cher général, et je

» regarde votre élection comme un grand pas vers
» notre ordre constitutionnel; j'aurai pour moi-
» même bien moins de moyens que si la présidence
» des colléges électoraux eût été conservée aux
» nominations de l'empereur. Mais je suis charmé
» que nous ayons réussi à faire restituer ce droit
» de plus au peuple.

    » Ce n'est pas que je sois sans inquiétude; si la
» Chambre est fort divisée et qu'on nous envoie
» beaucoup d'ennemis, je crains bien des orages,
» mais au moins nous aurons fait notre devoir.

    » Adieu, cher général; il me semble avoir un
» poids de moins sur le cœur depuis que je vois
» l'époque des élections. Oh! si j'étais sûr que nous
» donnerons un beau et imposant spectacle à
» l'Europe! écrivez-moi si vous êtes satisfait.

    » Oui, me répondit-il, je suis très content, et
» j'aime à vous le dire. La convocation immédiate
» d'une assemblée de représentans me paraissait,
» comme à vous, l'unique moyen de salut. On y
» joint la nomination des présidens par les collé-
» ges, des officiers municipaux par les communes,
» et une phrase de dictature provisoire beaucoup
» meilleure que tout ce qui rappelle d'ancien rè-
» gnes. Ceux qui ne veulent que le bien de la li-
» berté et de notre pays, doivent convenir que
» cette direction est sur la ligne droite. J'aurai

» beaucoup plus de plaisir à m'en mêler, que je
» n'en aurais eu il y a deux jours. »

La convocation des assemblées représentatives
qui allaient mettre un terme au silence au milieu
duquel la France s'agitait, incertaine de la sincérité
de l'homme encore maître du pouvoir, produisit
durant quelque temps un effet salutaire. Les citoyens espérèrent que ces assemblées perfection-
neraient les institutions dont les vices les avaient
frappés, qu'elles réprimeraient les abus d'autorité
que les dangers et surtout l'ascendant de l'habitude
perpétuaient encore. Les agens secondaires devin-
rent plus circonspects, le langage de Napoléon lui-
même moins équivoque ; et les hommes qui, en
s'alliant à lui, avaient immolé à leur patrie leurs
souvenirs, leurs défiances, et jusqu'à l'opinion sous
quelques rapports, purent se flatter de n'avoir pas
fait inutilement tant de sacrifices.

LETTRE VII.

Du Gouvernement des Cent Jours.

J'AI traité des institutions établies par Bonaparte à
son retour de l'île d'Elbe, c'est-à-dire, j'ai considéré

le gouvernement des Cents Jours en théorie. Je veux
l'examiner maintenant dans la pratique, et recher-
cher, d'après des faits positifs et des documens incontestables, de quel degré de liberté la France a
joui, ou quel degré d'oppression elle a supporté
durant cette époque. On verra, je l'espère, que les
actions des hommes qui avaient essayé de rendre à
cette France une constitution représentative, n'ont
point été contraires à leurs principes, qu'ils n'ont
ni démenti leur caractère, ni manqué à leurs engagemens, et que le gouvernement qu'ils avaient
consenti à servir, n'a été ni cruel ni despotique.

Avant néanmoins de commencer ce travail, je
dois me prémunir contre une inculpation que la
faction de 1815 et le ministère réuni à cette faction en attendant qu'elle le renverse, répètent à
l'envi dans leurs journaux, en démontrant que l'autorité, durant les Cents Jours, n'a pas mérité les reproches de tyrannie qu'on lui a prodigués depuis sa
chute : je dois m'attendre à être accusé de vouloir
inspirer le regret du régime que je justifie : que
sais-je ? peut-être serai-je compris dans la liste
qu'on dresse de ceux qui conspirent pour le rétablissement de ce régime, liste qui, dit-on, s'accroît
chaque jour.

En fait de dénonciation rien ne me surprend.
Vingt-cinq ans de révolution m'ont assez appris à

ne m'indigner d'aucune imposture, à ne m'étonner d'aucune absurdité.

Chaque époque a eu son accusation banale. Sous le directoire, quiconque n'applaudissait pas aux vexations directoriales, était un ami secret de la royauté. Sous Bonaparte, réclamer contre son despotisme naissant, était un appel à l'anarchie. Aujourd'hui, l'on ne peut blâmer des ministres incapables ou perfides, sans qu'ils s'écrient que l'on médite le retour de Napoléon..

A toutes ces époques, ces accusations ont retenti, soit dans les palais, quand les maîtres de la France habitaient les palais, soit dans les rues, quand les maîtres de la France habitaient les rues; mais à toutes les époques ces accusations étaient fausses. Sous la république, quand on se plaignait de la manière dont on était gouverné, ce n'était point la république que l'on attaquait. Les peuples sont, à juste titre, très indifférens aux formes d'organisation politique; on se révoltait contre l'inquisition, l'arbitraire, les persécutions civiles et religieuses, exercées au nom de la république. Sous l'empire, nul ne conspirait pour l'anarchie, mais plusieurs voyaient dans le pouvoir absolu dont s'emparait un homme, le germe d'une tyrannie qui devait froisser toutes les existences, et porter atteinte à tous les intérêts. Aujourd'hui, lorsqu'on murmure, ce n'est

point la monarchie, ce n'est point la dynastie ré-
gnante qu'on veut renverser ; on voudrait l'ordre
et la liberté sous cette dynastie comme on a
voulu l'ordre et la liberté sous toutes les autorités
qui ont régi successivement la France. On veut ce
qu'on voudra toujours, ce dont on n'est jamais
privé par un gouvernement, sans désirer que l'obstacle cesse, ce dont la jouissance est un tel bonheur
qu'elle suffit pour réconcilier les peuples à tous
les gouvernemens.

Il peut y avoir, dans une portion de ceux qui
ont dû à Napoléon leur rang et leur fortune des
souvenirs de reconnaissance. Il n'est pas donné à
chacun de jouir en paix des bienfaits mendiés et
de maudire le bienfaiteur dans les fers. Il y a certainement dans toutes les âmes généreuses, soulèvement et révolte à la vue des rigueurs inutiles et
ignobles, qu'exerce sur un captif sans défense un
gouvernement qui ne se console pas d'avoir été
vingt ans humilié par lui.

Mais entre ces sentimens naturels et honorables,
et le désir de voir se relever un régime qui a
trompé les espérances des amis les plus sincères de
la liberté, un régime que nous pouvons accuser de
l'arbitraire contre lequel nous réclamons encore
aujourd'hui, il n'y a rien de commun ; et quiconque
n'a pas intérêt à se tromper et à tromper les autres,

sera convaincu facilement que le parti libéral, qui n'est autre chose que l'organe fidèle de la Nation, veut ce qu'il dit vouloir, et ne veut que ce qu'il dit vouloir.

En effet, abordons toutes les questions avec franchise : quels sont nos deux principaux intérêts dans ce moment ? la liberté et l'indépendance.

Or, dans l'état des choses qui existe (il est inutile d'avertir mes lecteurs que je conçois cet état de choses, tel que la Charte le consacre et non tel que nos ministres l'interprètent, ou que nos novateurs veulent le refondre), notre indépendance extérieure est assurée ; notre gouvernement, s'il est constitutionnel, n'a aucun besoin de l'assistance des étrangers, cette assistance lui est superflue, s'il reste dans la sphère de la Charte ; mais elle lui devient insuffisante, s'il en sort. Certes, ce n'est pas l'Allemagne avec ses landwehr dissoutes, ses peuples mécontens, son opinion publique soulevée ; ce n'est pas l'Angleterre avec sa dette et ses *radicaux ;* ce n'est pas l'Espagne, telle que l'absence des cortès et la présence de l'inquisition l'ont faite, qui serviraient de base à un trône français que la France n'appuierait pas.

Quant à notre liberté intérieure, je conviendrai sans déguisement que beaucoup d'autorités, les unes légalement reconnues, les autres étrangement.

tolérées, semblent de nouveau conspirer contre elle; mais il m'est démontré que ces autorités sont heureusement trop faibles pour réussir dans leurs projets. Notre gouvernement est précisément dans la position où doit se trouver un gouvernement pour qu'une nation devienne libre. Il est fort s'il s'identifie aux intérêts nationaux, il est impuissant et sans ressources s'il essaye de s'en séparer.

Contemplons un instant nos ministres, depuis qu'ils se sont lancés dans la route des innovations anticonstitutionnelles. Que d'hésitation, que de craintes, que d'équivoques! quel mélange de violence et de pusillanimité! d'un seul regard la Nation les arrête, ils veulent en vain se retrancher derrière le trône, elle ne s'y trompe pas. Elle sépare tout ce qui doit être séparé, elle sait que le trône ne peut rien vouloir qui soit contraire à l'intérêt public, parce que le trône n'a point d'intérêts privés; les ministres seuls ont des intérêts de cette nature, et l'instinct admirable de la France rejette sur eux tout ce qui leur appartient. Elle prend la défense de la couronne contre ses propres agens, et au milieu de la lutte la couronne demeure intacte et sacrée.

Nul ne saurait sans doute prévoir ce qui peut résulter d'une longue suite de fautes grossières : l'impéritie et l'obstination l'emportent trop souvent sur les meilleures chances; mais le vœu de tous les

bons citoyens, de tous les hommes éclairés, doit être
que ces fautes ne nous conduisent à aucun boule-
versement. Je n'en connais aucun qui ne soumît
nos affaires domestiques, je ne dis pas à la force
étrangère, le temps en est passé, mais à l'influence
de l'étranger, que je redoute plus que sa force. Dans
toutes les combinaisons qui se présentent à mon
esprit, je vois cette influence se glissant jusqu'à
nous sous le nom d'alliance, de protection, de rapports de famille, et ces prétextes spécieux serviraient aux cabinets de l'Europe pour nous rendre
ou leurs instrumens, ou leurs subordonnés, ou
leurs tributaires.

Comme citoyen, comme ami de la liberté et de
la France, je ne puis admettre rien de pareil.

Je ne songe donc nullement, en embrassant la
défense du passé contre des exagérations calom-
nieuses, à faire prévaloir le passé contre le présent, ou, pour mieux dire, contre l'avenir, que
ce présent nous permet d'espérer. En justifiant
les Cent Jours d'imputations absurdes et fausses,
ce n'est point le règne des Cent Jours que je voudrais ramener ; je désire tout ce que j'ai désiré
toute ma vie, ce qui me semblait il y a trois mois
à peu près obtenu, ce que j'aime encore à croire
que nous obtiendrons, la jouissance de toutes les
libertés que la nation a droit de posséder, avec

l'affermissement de tous les pouvoirs légaux qui existent, et qui, renfermés dans leur sphère marquée, sont indispensables à la durée même de nos libertés.

J'ai dû dire ces choses pour ne pas fournir de nouveaux sujets de déclamation à un parti violent qui invente, et à un ministère qui accrédite des bruits mensongers. Maintenant j'entre en matière.

Je commencerai par reconnaître que les premières mesures adoptées par Napoléon n'étaient nullement propres à rassurer les esprits impartiaux et modérés; le rétablissement des lois sur les émigrés, la liste de proscription de treize personnes, la création de sept lieutenans généraux de police, avec des pouvoirs presque illimités, l'expulsion de la maison du Roi, les peines prononcées contre les fonctionnaires qui avaient pris part à des rassemblemens en faveur de la cause royale, peines entachées de rétroactivité, puisque ces rassemblemens étaient antérieurs à la fuite de la cour, tous ces actes étaient illégaux, arbitraires, tyranniques; mais il faut remarquer la date où ces mesures furent prises; elles sont toutes de la fin de mars ou des quatre premiers jours d'avril. Or, parmi ceux qui s'étaient réunis à Bonaparte, les uns n'avaient pas encore pris cette résolution hasardeuse; les autres n'avaient pas eu le temps de prononcer

2e *Partie.*

leur opposition. Le rétablissement des lois sur les émigrés et la liste de proscription de treize personnes, sont du 23 mars ; l'expulsion de la maison du Roi, du 25 ; la création des sept lieutenans généraux de police, du 28 ; les peines contre les rassemblemens armés, sont du 4 avril.

Dès lors cependant tous les hommes que les circonstances autorisaient à se constituer les organes de l'opinion publique, frappaient de leur réprobation ces retours scandaleux vers la tyrannie. J'ai rappelé rapidement, dans une de mes Lettres précédentes, les discours des ministres réunis, la déclaration du Conseil d'état, les adresses de l'Institut, de la Cour de cassation, de celle des Comptes et du Conseil municipal de Paris ; mais il me semble utile de revenir sur quelques-unes de ces adresses ; elles indiquent d'une manière précieuse l'esprit du moment ; ce sont des monumens qu'on ne peut détruire, et qu'il est bon de conserver comme sujet naturel de plus d'une comparaison instructive.

« Vous êtes appelé , disait à Napoléon le
» Conseil d'état, à garantir de nouveau par des
» institutions tous les principes libéraux ; la li-
» berté individuelle et l'égalité des droits ; la li-
» berté de la presse et l'abolition de la censure ;
» le vote des contributions et des lois par les re-

» présentans de la nation légalement élus ; les
» propriétés nationales de toute origine ; l'indé-
» pendance et l'inamovibilité des tribunaux ; la
» responsabilité des Ministres et de tous les agens
» du pouvoir. »

« Point de guerre au dehors, si ce n'est pour
» repousser une injuste agression, disaient les
» ministres qui venaient d'être nommés ; point
» de réaction au dedans, point d'actes arbitraires,
» sûreté des personnes, sûreté des propriétés,
» libre circulation de la pensée, tels sont les
» principes que vous avez consacrés. »

« Vous allez, disait l'Institut, nous assurer
» l'égalité des droits des citoyens, l'honneur des
» braves, la sûreté de toutes les propriétés, la
» liberté de penser et d'écrire, enfin une consti-
» tution représentative. »

Ainsi, tous les alentours de Bonaparte cher-
chaient à l'enchaîner, en supposant des promesses
qu'il n'avait pas faites, en invoquant des engagemens qu'il n'avait point contractés, mais qu'on
lui rendait impossible de désavouer. Chaque mot
prononcé par eux était une protestation contre
la puissance qu'il avait jadis exercée, et cette protestation s'adressait à un homme encore investi
de la dictature.

Cette tendance universelle avait subjugué tous

les esprits. Des orateurs habitués depuis dix années à célébrer le pouvoir absolu, et qui sont re-
venus à cette habitude dès qu'ils ont pu croire
que l'occasion de la reprendre leur était rendue,
parlaient, comme tout le monde, le langage du
patriotisme. Avertis par instinct que l'opinion
était la plus forte, ils se rangeaient naturellement
du côté de l'opinion. Après avoir décrit leurs
transports d'allégresse à la nouvelle du retour de
Napoléon, MM. Pardessus et Delvincourt le re-
merciaient d'avoir promis des institutions fondées
sur la liberté et l'égalité des droits, et s'engageaient
à jeter dans le cœur de la jeunesse les semences
de ces idées libérales qui finissent toujours, disaient-ils, par triompher de tous les obstacles.

Ce n'était pas sans surprise et sans peine que
Bonaparte écoutait le nouveau langage adopté par
ceux qui l'entouraient. Il n'entrait qu'avec répugnance dans la route inusitée que lui traçaient
l'expression de leurs vœux et la déclaration de
leurs principes.

Sous ce rapport, ses proclamations, ses réponses, les préambules de ses décrets sont curieux
à lire; l'on y remarque un changement graduel,
une marche progressive vers des idées constitutionnelles. De fréquens, mais inutiles retours à
d'anciennes habitudes d'arbitraire, ne prouvent

que plus clairement que ces modifications tenaient moins à une volonté personnelle qu'à l'empire des circonstances, qui faisaient plier cette volonté.

Les premières proclamations de Bonaparte ne parlent ni de liberté ni de constitution. Il promet aux soldats la gloire et les richesses, au peuple la proscription et la punition des nobles. Il répond aux discours des ministres, du Conseil d'état et de l'Institut, qu'il agrée les sentimens qu'on lui montre; mais il ne corrobore point, en les répétant, les engagemens qu'on le remercie de prendre; et le lendemain, il s'adresse à ses soldats dans un langage purement militaire. Ce n'est que dans le préambule de son acte additionnel qu'il donne des promesses positives, il les réitère dans le décret du 30 avril, par lequel il convoque les colléges pour l'élection de leurs députés; mais il ajoute une restriction qui trahit une inquiétude naissante, et jette un coup-d'œil de regret sur les constitutions de l'empire. Enfin, à l'ouverture des Chambres, il déclare abdiquer la dictature, et commencer la monarchie représentative : de la sorte, par l'effet du travail persévérant de ceux qui l'environnent, il passe d'un pouvoir sans borne à une puissance toujours plus limitée. Aussi je montrerai dans la lettre suivante, que les ordres rigoureux furent éludés, les mesures vexatoires adoucies. Le caractère de Napoléon, au sommet de la hiérarchie, et le zèle de quelques agens dans les rangs inférieurs, portèrent parfois atteinte aux formes protectrices et aux droits des citoyens; mais les vexations ne furent ni générales ni durables. Les hommes qui entouraient le pouvoir, bien qu'ils fusseut ainsi que lui menacés par l'Europe entière, ne cessèrent de protester contre toute violation des règles, toute suspension des lois, et leurs protestations furent écoutées.

LETTRE VIII.

Continuation de l'exposé du gouvernement des Cent Jours.

La liberté de la presse est menacée; il se peut qu'elle nous soit de nouveau ravie. Le ministère, au lieu de réclamer des lois répressives contre la licence, demande la censure. Nous n'aurons donc plus, dans peu de jours, peut-être ni le droit d'émettre nos opinions avec franchise, ni celui de raconter les faits sans déguisement. L'histoire, aussi bien que la pensée, importune des ministres revêtus d'un pouvoir arbitraire. Ils ont besoin de mutiler l'une et d'étouffer l'autre.

En conséquence, je rassemble à la hâte les preuves des assertions contenues dans ma dernière lettre. En retraçant les mesures vexatoires qui signalèrent le gouvernement de Napoléon, après sa victoire du 20 mars, j'ai affirmé que ces mesures restèrent pour la plupart sans exécution. La démonstration de cette vérité m'est aujourd'hui facile; mais, sous l'empire de la censure, elle me deviendrait peut-être impossible. Heureusement l'imprimerie a cet avantage, que l'arbitraire, qui peut s'opposer à ce que la vérité paraisse, se brise contre elle quand elle a paru.

Je veux néanmoins repousser d'avance des interprétations insidieuses et de perfides insinuations. J'écris dans cette occasion, comme toujours, sans intention secrète et sans arrière pensée. Pourvu que ce qui existe dure, ce qui existe me paraît préférable à ce qui existait. De ce que les Cent Jours ne furent pas une époque de tyrannie et de servitude, il n'en résulte point qu'on doive aspirer à voir reparaître les Cent Jours. Dire qu'à force de soins, de persistance et de courage, quelques hommes parvinrent à dominer le caractère le plus inflexible et les dispositions les plus despotiques, il ne s'ensuit pas que ces dispositions despotiques et cet inflexible caractère puissent être l'objet des désirs ou des regrets de quiconque n'est pas insensé. L'attachement à la monarchie constitutionnelle est compatible avec la justice envers d'autres époques ; et , pour donner des gages de sa fidélité au présent, je ne pense pas, comme certaines gens , qu'il soit nécessaire de calomnier le passé.

A peine arrivé sur le sol français , Napoléon signala son nouvel avènement au pouvoir par plusieurs mesures violentes et tyranniques. Les principales furent : le rétablissement des lois contre les émigrés, la liste de proscription de treize personnes, la création de sept lieutenans généraux de police, l'expulsion de la maison du Roi, jointe au serment prescrit aux gardes-du-corps, enfin , les peines rétroactives portées contre les rassemble-mens armés.

Le rétablissement des lois qui frappaient les émigrés, étaient en 1815, d'une injustice évidente. Les évènemens de 1814 avaient prononcé par le fait une amnistie générale. Tous les émigrés y étaient compris. Revenir contre une amnistie, est toujours dans l'autorité un attentat subversif de la sûreté publique. Bonaparte exhumant des crimes qu'une amnistie avait effacés , sapait tous les principes qui doivent servir de base aux associations humaines.

Ce premier acte de son règne fut donc une violation de tous les principes ; mais il arriva ce qui arrive toujours chez les nations éclairées , quand l'opinion peut se manifester ; elle vint se placer entre l'oppresseur et les victimes, et l'effet, heureusement, ne répondit pas à la menace.

Ce décret illégal motiva, dans quelques départemens, d'injustes séquestres. Il donna lieu à des vexations de détail, que je suis loin d'excuser ; mais je ne crois pas qu'on trouve un seul émigré frappé par la rigueur des lois que Bonaparte avait ressuscitées. Les individus contre lesquels ces lois étaient dirigées, restèrent en paix dans la capitale, et si leur liberté ou leur sûreté furent moins respectées dans les provinces, il est doux de penser que les persécutions furent assez légères, et que le sang d'aucun d'entre eux n'a coulé.

On peut en dire autant de cette liste de proscription de treize personnes, dressée par Bonaparte contre des hommes qu'il avait long-temps comblés de ses faveurs. En vain représenterait-on pour justifier cet abus de pouvoir, emprunté des époques les plus désastreuses de nos troubles, que ces hommes avaient manqué aux devoirs de la reconnaissance ; qu'après avoir secondé Napoléon dans les entreprises mêmes qui , en soulevant contre lui les amis de la liberté et de la justice, avaient préparé sa perte, ils s'étaient montrés de-

puis sa chute ses ennemis les plus acharnés. Toute
liste de proscription ébranle la société jusqu'en
ses fondemens ; le gouvernement qui proscrit com-
promet son titre, et d'autorité tutélaire devient
faction victorieuse , destinée à perdre les fruits
d'une victoire qu'elle déshonore; mais de ces treize
personnes, aucune ne fut atteinte; et qu'on ne dise
pas qu'elles durent leur salut à leur éloignement
de France, M. de Vitrolles fut au pouvoir de
Napoléon pendant trois mois , et certes l'usage
qu'il a fait et qu'il fait encore depuis quatre ans
de sa liberté reconquise , prouve qu'aucun mauvais
traitement n'avait affaibli ses forces physiques et
ses facultés morales.

Le serment prescrit aux gardes-du-corps et aux
officiers de la maison du Roi, blessait en eux ce
qu'il faut le plus respecter , la conscience. Mais les
ministres , sur la plus simple demande, les dis-
pensaient de ce serment. C'est un fait dont à cette
époque j'obtins personnellement la preuve. Un
garde-du-corps que je connaissais à peine, re-
courut à moi dans cette circonstance (1). J'ai toujours compris, j'ai toujours approuvé tous les
scrupules. Je n'eus qu'un mot à dire au duc

(1) M. Dumouchet de Jacquemont, du département du
Jura.

d'Otrante; et celui pour qui j'avais réclamé, fût affranchi de l'engagement qui lui répugnait.

Un lieutenant de police, dans les départemens de l'Ouest, prit contre les nobles un arrêté qui retraçait la loi des otages et le régime de la terreur. Aussitôt, de toutes parts, de vives réclamations s'élevèrent; je ne fus pas le dernier à faire entendre ma voix. J'écrivis au ministre de la police pour lui peindre tout mon désespoir, mon impossibilité de rester attaché au gouvernement qui se permettait de telles mesures, ma volonté de me retirer. « Je viens de lire, me répondit le Ministre, l'arrêté dont vous me parlez. Je ne puis vous exprimer l'impression qu'il m'a faite. Vous en jugeriez facilement, si vous aviez connaissance des rapports que j'ai remis à l'Empereur, et des mesures que je lui ai proposées. Les départemens de l'Ouest ont encore plus besoin que les autres d'une justice régulière et du respect des lois. Les mesures violentes, loin de vaincre les résistances, en font naître de nouvelles et leur donnent plus de force. Continuez votre ouvrage; ne vous découragez pas; venez me parler. » Je livre cette lettre pour ce qu'elle est, quant au duc d'Otrante; mais je la cite comme preuve de l'esprit qui dirigeait alors son administration. L'arrêté du lieutenant de police ne fut jamais exécuté. (1)

Un rapprochement me frappe. Lorsque depuis la seconde restauration, le ministère de Louis XVIII présenta une loi contre les cris et les actes séditieux, les royalistes exagérés s'indignèrent de sa douceur, qu'ils nommaient faiblesse. Comparons cette loi avec le décret le plus sévère qui ait été promulgué pendant les Cent Jours. Je vois dans le décret impérial du 9 mai 1815, que l'enlèvement du drapeau tricolore est puni par un emprisonnement d'un mois à deux ans, et par une amende assez légère. Je vois dans la loi du 9 novembre 1815, que le même délit commis contre le drapeau blanc, attire la déportation sur le coupable. Ainsi, deux ans de prison au plus étaient prononcés sous le régime qu'on peint de couleurs si terribles, contre un crime qui était puni, il y a peu de temps, de la déportation, de cette peine pire que la mort, comme l'a dit dans la discussion l'un des ministres qui l'a jadis noblement encourue et courageusement supportée. Le décret impérial

_____

(1) « Le Gouvernement vient de casser l'arrêté illégal » du lieutenant de police du troisième arrondissement. » Feuille du Jour du 14 juin 1815.

condamne ceux qui arboreraient un autre signe de ralliement que la cocarde prescrite, à une année de prison. La loi du 9 novembre les frappait d'une détention qui pouvait être de cinq années, et d'une amende qui pouvait s'élever à 20,000 fr.; 500 fr. étaient l'amende la plus forte durant les Cent Jours, et 20,000 fr., c'est-à-dire, la ruine de la plupart des condamnés, ont à peine parus suffisans à la Chambre de 1815.

Un journal qu'on n'accusera pas de partialité pour le régime établi par le 20 mars (1), porte à cent douze le nombre des individus arrêtés alors, et traduits en jugement pour des opinions hostiles, des distributions de libelles et des nouvelles prétendues fausses. Cent douze individus sont trop; un seul est trop, dès qu'il n'y a pas de crime ou que le crime n'est pas prouvé. Mais cent douze personnes arrêtées ou poursuivies dans toute l'étendue de la France, pendant trois mois, au milieu de la guerre civile et de la guerre étrangère, cent douze personnes, dont aucune n'a été condamnée ni exécutée, ne constituent pas une terreur sanguinaire. Croit-on qu'il n'y ait eu en France, après la victoire de juillet, quand tout

---

(1) La Quotidienne.

était soumis, résigné, désarmé, que cent douze
citoyens détenus en vertu de la loi du 29 octobre ?

Pour justifier de l'imputation de despotisme le
dernier gouvernement de Bonaparte, tel qu'il était
sorti de la main des hommes qui avaient consenti
à s'y rallier, il suffirait de rappeler à quel excès
la liberté de la presse fut portée. Les Ministres
de Napoléon la respectèrent jusqu'à l'exagération.
Les provocations à l'assassinat du chef de l'État
s'imprimaient avec les noms des auteurs et des
libraires. La légalité de son titre au trône était
contestée dans les feuilles périodiques. Les écrivains qui, plus tard, ont représenté cette époque
comme un temps d'oppression et d'esclavage, at-
testaient par leur licence la liberté dont ils jouissaient. Toutes les proclamations de Gand, tous
les manifestes des étrangers, étaient insérés dans
les journaux. M. de Kergorlay qui, depuis, dans
une discussion trop célèbre, proclama l'État en
péril, parce qu'un prisonnier s'était dérobé à l'é-
chafaud, distribuait ouvertement sa protestation
contre le pouvoir qui régnait alors (1), et il vivait

(1) Motifs du vote négatif de Louis-Florian-Paul de
Kergorlay, déposés au bureau de la Préfecture de police,
imprimés et distribués publiquement. « Je crois devoir à
» mes concitoyens, et certainement je me dois à moi-même

tranquille. M. Lainé défendait aux Français d'obéir
à l'autorité nouvelle, et appelait de la sorte sur sa
tête, avec une intrépidité peu mesurée, toute la
vengeance d'un vainqueur qu'il poursuivait de ses
invectives jusque sur le trône (1); il demeurait
néanmoins en sûreté dans sa retraite près de
Bordeaux.

C'était en rappelant ces publications, qui cer-

» d'exposer les motifs qui m'ont engagé à voter contre
» l'acceptation de l'acte intitulé : Acte additionnel aux Con-
» s itutions de l'Empire. Ces motifs sont, que le 67ᵉ article
» de cet acte viole la liberté des citoyens français, en ce
» qu'il prétend les empêcher d'exercer le droit qu'ils ont
» de proposer le rétablissement de la dynastie des Bour-
» bons sur le trône. Je suis forcé de protester contre cet
» article, parce que je suis convaincu que le rétablissement
» de cette dynastie sur le trône, est le seul moyen de
» rendre le bonheur aux Français. »

Paris, le 28 avril 1815.

Signé, L. F. P. de KERGORLAY.

(1) Protestation de M. Lainé. « Au nom de la Nation
» française, et comme président de la Chambre de ses re-
» présentans, je déclare protester contre tous décrets par
» lesquels l'oppresseur de la France prétend prononcer la
» dissolution des Chambres; en conséquence, je déclare
» que tuos les propriétaires sont dispensés de payer les
» contributions aux agens de Napoléon Bonaparte, et que

tainement excédaient toute liberté constitutionnelle de la presse, qu'un auteur anglais, zélé par-
tisan de cette liberté, et que les Torys accusent de
jacobinisme, s'exprimait de la manière suivante :
« Il faut avouer que nos idées anglaises, sur les
» droits de publier sa pensée, ne s'étendent pas

» toutes les familles doivent se garder de fournir, par voie
» de conscription ou de recrutement quelconque, des
» hommes pour sa force armée. »

Bordeaux, le 28 avril 1815.

Signé LAINÉ.

Je le demande à tout homme que l'esprit de parti
n'aveugle point : y a-t-il despotisme dans un pays où de
semblables protestations sont tolérées, et où les auteurs de
ces protestations jouissent en paix de leur liberté ? « Dans
» quel pays, fut-ce en Angleterre, où la liberté de la presse
» est, comme 'en France, une des lois fondamentales de
» l'Etat (écrivait l'un des rédacteurs du *Journal des Dé-*
» *bats*, le 9 mars 1815), serait-il permis à des écrivains
» de représenter même indirectement le gouvernement éta-
» bli comme un gouvernement usurpateur ? L'homme qui
» aurait ainsi insulté aux lois de son pays, ne serait-il pas
» immédiatement relégué à Botany-Bay ? » Il est curieux de
comparer ces principes, professés dans le *Journal des Dé-*
bats, à l'occasion de je ne sais quelles phrases du *Censeur*,
avec la licence effrénée que les mêmes écrivains réclamèrent,
un mois plus tard, comme un droit indisputable et impres-
criptible.

» à la manifestation d'opinions relatives à la légi-
» timité du monarque qui occupe le trône, et
» que si nos lois positives n'interdisent pas for-
» mellement la discussion de questions pareilles,
» l'existence même de notre monarchie la rend
» si peu vraisemblable, qu'un sujet britannique
» qui oserait se la permettre, devrait tenir sa
» plume d'une main et son épée de l'autre (1). »

L'on ne citera pas, durant le dernier règne de
Bonaparte, un seul exemple d'un ouvrage supprimé, d'un libelliste arrêté pendant quatre jours.
Des journalistes qui avaient imaginé de répandre,
au moment où Napoléon partait pour l'armée,
que les insurgens de la Vendée avaient remporté
une victoire complète, furent, il est vrai, dénoncés
à la tribune, et détenus trois fois vingt-quatre
heures ; mais, remis en liberté après cette captivité
passagère, ils ne subirent aucune poursuite, et
recommencèrent leurs hostilités.

_____

(1) It must be owned that our notions of the liberty of
the press do not extend to the publication of opinions relative
to the present rights of actual monarchs, and that if no
prevention of such discussions is admitted in our law, the
circumstance of our monarchy render them so unlikely
ever to be called in to play, and the subsequent punishment
would be so severe, that the englishman who held such a
pen in one haud should hold asword in the other.

Le. zèle trop inquiet d'un magistrat subalterne fit saisir, à l'insu du gouvernement, un volume du *Censeur*, dans lequel le retour de Bonaparte, la validité de son titre, que l'auteur attribuait à l'assentiment tumultueux de l'armée, sa prétention d'exercer l'empire en vertu de ses anciens droits, sans les faire sanctionner de nouveau par le peuple, étaient examinés avec une justesse parfaite, mais aussi avec une hardiesse étonnante. Aussitôt deux conseillers d'état s'élevèrent contre cette saisie illégale. Ils lurent à Napoléon tout ce qu'on alléguait contre lui, déclarèrent que ces allégations ne contenaient rien de contraire aux lois, et, après une courte résistance, et quelques délais qui étaient l'ouvrage des autorités inférieures, obtinrent que le livre supprimé serait remis à ses auteurs, et que sa libre circulation n'éprouverait plus d'obstacles. J'étais l'un de ces conseillers d'état ; l'autre était le malheureux Regnault de Saint-Jean-d'Angely, le protecteur de la plupart de ceux qu'on voit aujourd'hui se partager la puissance, et parmi lesquels, dans ses adversités, il n'a pas trouvé un seul défenseur.

Si les membres du dernier gouvernement de Bonaparte pouvaient être accusés d'avoir penché vers un extrême, ce serait vers l'excessive indulgence. Tous les actes d'hostilité du parti contraire étaient tolérés, respectés, encouragés. Leurs adversaires leur faisaient l'honneur de s'abandonner devant eux à toutes leurs espérances. La destruction du gouvernement, la mort violente de son chef, étaient les sujets habituels de leurs entretiens publics. Plus d'une fois j'ai discuté ces projets avec eux, sous les rapports de la morale, de la justice et de l'avantage de la France, sans qu'eux ni moi nous eussions la pensée qu'une indiscrétion, je ne dis pas volontaire, mais fortuite, pût les compromettre. Rendant hommage à la liberté de paroles et d'actions, qui est inhérente aux temps de troubles, les hommes des Cent Jours avaient introduit dans la guerre civile une loyauté chevaleresque, dont on profitait sans l'observer envers eux. Excelmans, Grouchy, de combien de compagnons d'armes n'avez-vous pas protégé l'émigration ! combien de transfuges arrêtés n'avez-vous pas couverts du bouclier de votre faveur et de votre gloire! Et quand vos noms furent portés sur les listes fatales, aucun d'eux n'éleva sa voix pour vous défendre! Si vous fussiez devenus la proie de vos ennemis, ceux que vous aviez préservés auraient formé peut-être les commissions militaires qu'on eût rassemblées pour vous juger; et vos juges auraient profité de la vie que vous leur aviez laissée, pour prononcer votre arrêt de mort.

7..

Prétendra-t-on que les adhérens de Napoléon sentaient combien son trône était chancelant, et ne voulaient pas, comme autrefois, prendre la solidarité de sa tyrannie ? Verra-t-on dans leur modération, que j'appellerais presque obstinée, de la timidité ? Les hommes qui, pour sauver leur pays, s'étaient mis en lutte avec toute l'Europe, n'étaient pas timides. Mais qui ne sait d'ailleurs que les soutiens des gouvernemens faibles sont toujours disposés à conseiller la violence ? La preuve serait aisée à produire. Si ceux qui s'é-taient ralliés autour de Bonaparte n'avaient con-sulté que l'intérêt de leur conservation, la violence était pour eux la route la plus sûre ; ils pouvaient combiner les ressources encore immenses de l'es-prit militaire avec les moyens désespérés des fu-reurs démagogiques. C'était en repoussant ces puissans et terribles auxiliaires, que le gouverne-ment impérial se créait des dangers. Est-ce donc un faible mérite dans un parti que d'immoler son avantage immédiat, manifeste, à des considéra-tions d'ordre public, de moralité et de justice ?

Telle fut cependant la conduite de ces hommes qu'on a si long-temps calomniés, diffamés, pros-crits. Ils n'ont voulu que l'indépendance et la li-berté de leur patrie : en essayant d'une main de repousser l'étranger, ils ont de l'autre essayé d'enchaîner le despotisme. Aussi l'opinion , même asservie, n'a jamais cessé de leur rendre justice. Elle a vu en eux ses défenseurs dans des temps d'orage, et maintenant elle voit en eux les meilleurs soutiens du trône constitutionnel, autour duquel ils sont à jamais ralliés, parce que la constitution, si elle est respectée, leur assure ce qu'ils ont désiré toujours, ce qui fut le but de tous leurs efforts, le règne des lois et la consolidation des garanties.

NOTES.

PREMIÈRE NOTE.

Page 2. — « Leur était-il permis de se rallier à
» Bonaparte? »

Il est assez curieux, je dirais presque, si l'expression pouvait être admise quand il s'agit d'une chose grave, il est amusant, d'observer les subtilités et les sophismes qui servent à créer des doctrines au profit des intérêts personnels. La plus remarquable de ces doctrines est peut-être celle qui établit une distinction entre la légalité du gouvernement impérial jusqu'en 1814, et l'illégalité de ce même gouvernement en 1815. Le motif qui rend cette distinction chère à beaucoup de gens n'est pas difficile à reconnaître. A la première époque, ils étaient au nombre des serviteurs de Napoléon : l'avoir servi leur paraît tout simple. A la seconde époque, ils se sont éloignés de lui : s'en être rapproché leur semble coupable. Dans les deux cas, ce qui les détermine, c'est le besoin de prouver qu'ils ont eu raison. Mais ce n'est point ce qu'ils ont besoin de prouver qui nous intéresse, l'important est d'examiner les raisonnemens qu'ils donnent pour des preuves.

Si je voulais envisager la question sous le rapport moral, je dirais d'abord qu'il y a sans doute toujours du mérite à servir sa patrie, dans la prospérité comme dans la détresse ; mais certes il y avait moins de dévouement à s'attacher au conquérant du monde, vainqueur et maître de l'Europe entière, qu'à se réunir à un gouvernement faible, menacé, qui défendait le sol français contre la coalition de tous les rois et de tous les peuples.

Je laisse toutefois de côté cette considération, qui n'est pas sans force, pour examiner le principe même de la doctrine que je veux combattre ; et pour confondre mes adversaires, je me place sur leur terrain.

Quel a, dans leur système, été le tort de ceux qui ont servi Bonaparte en 1815 ? D'avoir accepté des fonctions sous un usurpateur. Mais Bonaparte était-il, à leurs yeux, moins usurpateur en 1814, en 1812, en 1808 ? Il était, disent-ils, reconnu par l'Europe. Il ne l'était point par Louis XVIII. Ce prince avait repoussé toutes les propositions qui tendaient à impliquer sa renonciation au trône. La reconnaissance d'un usurpateur par les gouvernemens étrangers suffirait-elle pour anéantir les droits d'un roi légitime ? Cette question, résolue affirmativement, nous conduirait bien loin. Ce serait, en d'autres termes, attribuer aux étrangers la faculté qu'on met tant d'intérêt à refuser au peuple. La Russie, l'Angleterre, la

Prusse, l'Autriche, auraient pu déposer un monarque français; car en reconnaître un autre à sa place, c'était le déposer. La raison, la justice, l'indépendance réciproque dont tous les états doivent jouir, l'orgueil national enfin, se révoltent contre cette prétention.

Si cependant elle est rejetée, comme elle doit l'être, il en résulte que l'assentiment de l'Europe entière n'a pu conférer à Napoléon avant 1814 aucune légitimité : mais alors le refus unanime de cette même Europe n'a pu avoir l'effet de rendre son pouvoir plus illégitime en 1815. Si, en débarquant au golfe Juan, il était un usurpateur, il l'était de même en 1810, quand il épousait la fille des Césars; car, aux deux époques, l'ancienne dynastie existait encore; le chef de cette dynastie protestait contre l'atteinte portée à ses droits, et la détermination des autres puissances ne pouvait les invalider. Que si, malgré l'existence de l'ancienne dynastie et les protestations de son chef, Bonaparte était un souverain légitime lorsqu'il s'unissait à une archiduchesse autrichienne, il ne l'était pas moins en 1815; car, encore une fois, ce n'est pas dans l'arrêt de l'étranger que peut reposer la sanction de la légitimité française.

Il s'ensuit que si les hommes qui ont pris part à son gouvernement durant les cent jours sont complices de son usurpation, ses instrumens de 1801 à 1814 en sont également complices; et que si , au contraire , ces derniers sont irréprochables , les premiers n'ont pas été criminels.

On sent bien que , dans tout ceci, je ne raisonne pas d'après mes principes; mais je veux démontrer que , d'après ceux mêmes de nos accusateurs les plus violens, la distinction qu'ils ont inventée, entre l'empire et les cent jours, ne saurait être admise. Tout ce qui a servi Napoléon, quelle que soit l'époque de ces services, est également coupable ou également innocent; et ce n'est que par un sophisme absurde qu'on veut échapper à une proscription de quatorze années, pour en invoquer une de trois mois.

DEUXIEME NOTE.

Page 3. — « La haine universelle contre la no-
» blesse prêtait à Bonaparte un appui redou-
» table. »

Certaines gens croient que , si on ne parlait pas de ce qui est , ce qui est ne serait pas ; ils feraient volontiers brûler comme incendiaires ceux qui avertissent que le feu va prendre. Dire que, dans notre état social actuel, les nobles ne sont pas l'objet de l'affection populaire, c'est, à les entendre, vouer une classe à la proscription ; et l'un de nos écrivains les plus distingués, M. Guizot, s'est vu dénoncer comme un artisan de guerres civiles, pour avoir signalé les deux nations que séparaient en France, avant la révolution, des priviléges oppressifs, et que divisent encore aujourd'hui des prétentions hostiles.

Jamais vérité néanmoins ne fut plus démontrée; et s'il y avait dans l'ouvrage du publiciste éclairé que je viens de citer, une imperfection ou une lacune, la cause en serait à ce que le but de son livre n'était pas de développer cette vérité dans toute son étendue, et d'en déduire toutes les conséquences. Mais la moindre connaissance de l'histoire suffit pour nous convaincre que les peuples civilisés de l'empire romain ayant été asservis par les hordes barbares du nord, les calamités de cet asservissement et le souvenir de ces calamités ont établi une différence fondamentale entre la doctrine des politiques anciens et celle des politiques modernes sur l'organisation des sociétés. Cette différence a eu son effet, comme toute idée dominante doit avoir le sien; et un obstacle nouveau et long-temps insurmontable s'est opposé à l'établissement de toute liberté réelle en Europe.

Presque tous les hommes d'état et les philosophes de l'antiquité voulaient concentrer le pouvoir entre les mains des classes supérieures, et plaçaient la naissance, c'est-à-dire la noblesse, au nombre des titres valables sur lesquels devait se fonder la suprématie de ces classes. Aristote exige cette condition, même dans une démocratie bien constituée.

Au contraire, depuis la renaissance des lumières,

dans les temps modernes, les défenseurs de la liberté n'ont jamais cru que son triomphe, et surtout
sa durée, fussent possibles, sans la destruction des
causes prédominantes. Ils n'ont vu que des victimes
qu'il était indispensable de sacrifier, là où les anciens n'apercevaient que des guides. C'est que ceux
qui, depuis le quinzième siècle jusqu'à nos jours, se
sont élevés ou ont écrit en faveur de l'égalité, ont
agi ou parlé comme les descendans des opprimés
contre les descendans des oppresseurs.

Chez les anciens peuples autochthones, ou du
moins tellement confondus avec les colonies qui les
avaient policés sans les asservir, qu'on ne pouvait
distinguer dans la masse commune les parties hété-
rogènes, l'inégalité des rangs n'avait eu d'origine
qu'une supériorité soit physique, soit morale. On
sent que je ne parle pas des esclaves, qui ne doivent
être comptés pour rien dans le système social de
l'antiquité. Les nobles, chez les anciens, étaient une
classe de compatriotes parvenus à des richesses ou à
une considération supérieure, parce que leurs aïeux
avaient bien mérité de la société naissante.

Chez les modernes l'inégalité des rangs a eu l'origine la plus révoltante, la conquête. Les peuples civilisés de l'empire romain ont été partagés comme
de vils troupeaux entre des dominateurs féroces. Les
institutions européennes ont porté durant des siècles
l'empreinte dégradante de la force militaire. Domptés

par·le fer, les vaincus ont, par le fer aussi, été main-
tenus dans la servitude. Leurs maîtres n'ont pas dai-
gné déguiser par d'ingénieuses fables, ou rendre respectable par des prétentions bien ou mal fondées à
une sagesse supérieure, le principe de leur puissance.

Les deux races se sont perpétuées, sans autre relation, pendant long-temps, que l'asservissement d'une
part, de l'autre l'oppression. Jusqu'aux noms des vainqueurs rappelaient aux vaincus l'envahissement de leurs
propriétés dévastées, le massacre de leurs malheureux
ancêtres, et l'humiliation, devenue leur éternel héritage ; ou si ces dominateurs orgueilleux substituaient
à leurs appellations primitives et grossières des noms
indigènes et plus doux, c'étaient ceux des provinces
qui leur étaient échues en partage : tout, en un mot,
depuis le quatrième jusqu'au quinzième siècle, a retracé à l'Europe conquise le fléau qu'elle avait reçu du
nord. L'espèce humaine a langui long-temps avant de
secouer cette flétrissure. La supériorité des peuples anciens tient peut-être à cette cause. Ils marchaient,
exempts de toute domination, sur une terre que n'a-
vait foulée le pied superbe d'aucun vainqueur : les
modernes ont erré sur un sol conquis ; et la race dé-
possédée a transmis aux races héritières de son esclavage, la haine de ses tyrans et la mémoire de ses
injures. Les Romains, dans leurs citoyens illustres, re-
connaissaient les descendans des fondateurs de leurs
institutions les plus chères : les Français, dans leurs

ducs de Normandie, dans leurs comtes de Guyenne
et de Périgord, ne pouvaient envisager que les léga-
taires avides d'avides usurpateurs.

De là ces lois atroces qui souillent les codes de la
plupart des républiques du moyen âge, lois que la
Convention semblait avoir empruntées de cette
époque, pour en faire le ressort principal de son abo-
minable gouvernement révolutionnaire ; de là ces
anathèmes contre la noblesse, prononcés sous diverses formes par Machiavel, par Mably, et par l'é-
nergique auteur de la brochure *Qu'est-ce que le tiers ?*
de là l'effet électrique de cette brochure dans toute
la France, qui la considéra pour ainsi dire comme
la révélation de la pensée commune, et parut n'a-
voir eu besoin que de connaître l'ennemi pour le
terrasser.

Certes, en rappelant ces faits, je suis loin d'en
conclure qu'on ait eu raison de confondre les nobles
du dix-huitième siècle avec les conquérans du cin-
quième, et même avec les barons féodaux qui, durant huit cents ans, ébranlèrent les trônes et oppri-
mèrent les peuples. J'établis seulement que les souvenirs de la conquête et de l'oppression qui s'en
était suivie, avaient laissé dans les esprits des traces
profondes, et que c'est à cette cause qu'il faut attribuer en grande partie l'orage qui éclata en France
contre la noblesse lors de la révolution, bien que
jamais peut-être, depuis le commencement de la mo-

narchie, la noblesse n'eût été moins redoutable,
moins oppressive et plus désarmée. Mais on ne punit
d'ordinaire les classes puissantes des fautes qu'elles
ont commises que lorsqu'elles n'en commettent plus.
La raison en est simple ; elles commettent des fautes
quand elles sont fortes, on les punit quand elles sont
faibles.

La régénération nationale de 1789 offrait à la noblesse française un moyen d'expier les torts de ses
ancêtres, et de substituer à une existence privilégiée
qui touchait à son terme, une existence citoyenne
où elle eût trouvé d'amples dédommagemens. Sauf
des exceptions que je voudrais croire nombreuses,
et auxquelles je me plais à rendre hommage, elle
refusa cet honorable traité. Sourde aux avertissemens d'une nécessité que l'aveuglement le plus complet pouvait seul méconnaître, irritée des conseils
de ses membres les plus éclairés, elle se plaça en
dehors d'une nation disposée à considérer comme
hostile tout ce qui mettait son orgueil à lui rester
étranger ; et par ses protestations inconsidérées, par
ses menaces qui n'avaient de danger que pour elle-
même, elle donna plus de consistance et d'amertume
à des souvenirs fâcheux, et plus de vraisemblance
aux soupçons que ces souvenirs autorisaient.

On ne sait que trop ce qui s'ensuivit ; la noblesse expia chèrement son imprudence.

Cependant ses malheurs avaient eu pour elle le triste

avantage de rendre ses ennemis odieux et criminels;
et après les exécrables années de 1793 et de 1794,
elle aurait pu trouver dans l'excès même de ses mi-
sères, une nouvelle chance de salut.

Durant l'affreuse époque que l'histoire désigne
sous le nom de *règne de la terreur*, la haine contre la
noblesse avait été l'un des principes professés avec le
plus de violence par des tyrans qui s'étaient travestis
en démagogues. Une réaction naturelle jetait de la
défaveur sur tous les principes qui rappelaient cette
période de sang et de crimes. Honteuse des atten-
tats de ses chefs, la nation ne demandait qu'à recevoir dans son sein et à entourer de regrets et de pitié
une classe qu'on avait trop maltraitée. L'administration faible et inhabile du directoire ne pouvait lutter
contre ce sentiment général. La désapprobation unanime qui entoura la loi du 3 brumaire, dirigée spé-
cialement contre les nobles, l'horreur qui repoussa
le projet de déportation de la caste entière, en four-
nissent la preuve.

L'avénement de Bonaparte au pouvoir ne changea
rien à cette disposition; des mesures iniques, telles que
la loi des otages, bien qu'elle fût restée sans exécution,
l'avaient plutôt fortifiée; et si la noblesse, au lieu de
solliciter de ce génie impérieux une volonté despotique et un bras de fer, se fût ralliée aux citoyens
qui réclamaient des garanties toujours invoquées et
toujours suspendues, ses membres, comme individus

et comme propriétaires, se seraient assuré peut-être
une place éminente dans nos naissantes institutions :
mais alors de nouveau la noblesse manqua cette
chance.

Elle se précipita, avec une impétuosité qu'on ne
peut décrire, au-devant de la servitude ; elle apporta
en pompe aux pieds d'un despotisme qui s'ignorait
lui-même, toutes les traditions de la monarchie la
plus absolue : on eût dit qu'elle était chargée d'en-
seigner l'arbitraire du régime déchu au régime qui le
remplaçait.

Ce fut bien pis encore lorsque Bonaparte, enivré
de flatteries et importuné des formes républicaines,
eut proclamé l'empire, et modelé sa cour d'après celle
des rois ses vassaux. Qui ne se rappelle et les places
sollicitées avec avidité, et les missions remplies avec
zèle, et les antichambres encombrées, et les alliances
dont on s'honorait, bien que depuis elles soient de-
venues des mésalliances, et tous les appuis actuels de
la légitimité, à peu d'exceptions près, réclamant
alors, presque comme un privilége héréditaire, l'honneur de servir l'usurpation ? Je glisse sur ces faits
présens à bien des mémoires ; car je n'accuse point,
j'explique.

Bonaparte, de son côté, avait du penchant pour la
noblesse. Il contemplait avec quelque joie, dans ses
salons de service, la brillante cohue des serviteurs de
soixante-six rois. Il trouvait, avec assez de raison,

qu'ils apportaient plus d'aisance, d'habitude et d'élégance dans leurs hommages, et se croyait plus à sa place, en voyant que tant de noms historiques se sentaient si bien à la cour, quand ils étaient à ses pieds.

La noblesse commençait donc à se séparer de nouveau du peuple vers la fin de ce règne : mais la séparation n'était pourtant qu'idéale. L'instinct exercé du conquérant modérait la prédilection vaniteuse du despote. Il accordait les distinctions, mais il réprimait l'insolence ; et il n'y avait pas encore de haine contre les nobles, quoiqu'il y eût déjà de l'humeur.

Napoléon cependant pesait sur le monde ; il fut renversé. Ici, pour la troisième fois, s'ouvrait à la noblesse un avenir favorable. Elle tarda peu à le gâter. Sa joie ne parut pas motivée sur une chance de liberté rendue à la France. Ses transports ne furent pas assez tempérés par un sentiment de regret et de douleur, que l'envahissement du sol par l'étranger devait faire éprouver à des cœurs français. L'Anglais orgueilleux, le grossier Cosaque, furent reçus par cette classe presque comme des concitoyens ; et l'on put soupçonner qu'affiliés aux privilégiés de toutes les nations, elle plaçait sa patrie exclusivement dans les priviléges.

Toutefois, en adoptant avec franchise et sans restriction la charte dictée par les circonstances et donnée par le prince, ce qui, dans les principes les plus monarchiques, en faisait un pacte obligatoire surtout pour ceux qui se disent les soutiens spéciaux de la monarchie, la noblesse, rétablie dans ses titres qu'elle regrettait, possédant encore une part du territoire, eût effacé des torts perdus dans des temps de trouble et de tumulte ; et les plébéiens, ses supérieurs en nombre, l'auraient reconnue leur égale en droits.

C'est de sa conduite à cette dernière époque que j'ai voulu parler, en disant que la haine qu'elle avait inspirée au peuple prêtait, lors du 20 mars, un appui redoutable à Bonaparte. En effet, toutes les relations sociales troublées par une vanité ombrageuse et inquiète, toutes les garanties mises en péril par des réclamations à peine déguisées, l'opprobre versé sur des propriétés acquises d'après les lois, le dédain prodigué à une gloire conquise par des flots de sang et d'immortels travaux, l'insolence dans les manières, l'impertinence dans les insinuations, la prétention bizarre d'opposer la poudre des morts aux trophées des vivans, la pensée absurde que, parce que huit cent mille hommes avaient fait reculer, sans les vaincre, quatre-vingt mille guerriers épuisés d'efforts et de fatigues, quarante-cinq mille privilégiés feraient reculer cinq millions de citoyens, et les siècles écoulés le temps présent; le besoin, pour se donner l'air habile, d'avertir toute une nation qu'on espérait la prendre pour dupe ; enfin, la réunion de

toutes les idées fausses, de toutes les affectations puériles, de toutes les espérances alarmantes, avaient
produit, comme je l'ai dit plus en détail dans mes
lettres, une fermentation indépendante du retour de
Napoléon. Il aurait pu tirer un avantage prodigieux,
un parti terrible de cette fermentation. Il s'en effraya
pour sa propre autorité; et c'est à sa terreur que
la France et l'Europe doivent peut-être d'avoir
échappé à une jacquerie.

Cette expérience a-t-elle inspiré plus de circon-
spection? C'est aux faits à répondre. Je n'ai point à
m'occuper ici de ce qui s'est passé depuis 1816, et je
suis heureux d'écarter une question qu'on ne résou-
drait qu'en courant le risque de voir les conseils inter-
prétés en menaces et les prophéties prises pour des
vœux.

TROISIÈME NOTE.

Page 4. — « Les chambres ont, dès l'origine,
» limité le pouvoir de Bonaparte. »

La chambre des représentans a été, depuis 1815,
l'objet des accusations les plus injustes et les plus absurdes. Bien que j'aie renoncé à écrire en détail
l'histoire de sa courte mais mémorable session, je
crois devoir consacrer quelques pages à réfuter des
imputations que l'esprit de parti a répétées long-

8..

temps sans contradicteurs, et que l'histoire trouverait ainsi corroborées par le silence des accusés, et
pour ainsi dire passées en force de chose jugée.

On a d'abord reproché à cette chambre la double
illégitimité du pouvoir qui l'avait convoquée et du
mandat qu'elle avait reçu.

Quant au premier point, je veux dire l'illégitimité de Bonaparte en 1815, je n'ai rien à ajouter
aux explications que j'ai données dans une note précédente.

Quant au second, il est impossible d'exiger d'un
peuple de ne pas pourvoir à sa sûreté, lorsque, volontairement ou forcément, son gouvernement l'a-
bandonne. Il doit organiser des pouvoirs, former des
assemblées, déposer entre les mains des hommes les
plus dignes de sa confiance, les moyens d'ordre et de
liberté qui lui restent. Toute la question se réduit
donc à ceci : dans les circonstances où se trouvait la
France, et dans l'intérêt qu'elle avait évidemment à
opposer la force morale d'une assemblée à la dictature
d'un conquérant, les citoyens devaient-ils repousser
cette ancre de salut, et offrir leur patrie en holocauste
à une légitimité absente?

Mais une autre objection a été faite. En accordant
aux Français le droit de nommer des fondés de pouvoir, chargés de les sauver de l'abîme, sans en attendre la permission qui ne pouvait leur venir de
l'étranger, ont-ils profité réellement de cette faculté?

et le nombre de ceux qui ont refusé de s'en prévaloir n'a-t-il pas été tellement considérable, qu'une
minorité presque imperceptible n'a pu donner à ses
choix de la validité ?

Cette difficulté serait plus embarrassante que les
deux premières., si les faits sur lesquels elle repose
n'avaient été fort exagérés.

Des hommes dont la véracité ne saurait être suspecte, puisqu'ils se sont montrés d'ardens ennemis
de Bonaparte, ont prouvé par des calculs exacts que
le nombre des électeurs, dans les villes les plus po-
puleuses de France, si l'on excepte Marseille et Bordeaux, n'a point été aussi faible qu'on l'a prétendu.
On peut consulter à ce sujet la lettre de M. Roy sur
les élections du département de la Seine, dans le
journal général de la France du 14 août 1815. Cette
lettre, qui était un acte honorable de courage dans la
circonstance où elle fut écrite, en réponse à une note
ministérielle insérée officiellement dans le Moniteur, dissipe tous les doutes qu'on a élevés sur le
concours des citoyens de Paris à la nomination de
leurs mandataires dans la chambre des représentans ;
et cette lettre est remarquable encore sous un autre
rapport : elle constate qu'on a pu vouloir que la
France eût une représentation nationale sous Bona-
part e, sans être attaché à sa personne et sans approu-
ver son gouvernement.

Ce que M. Roy disait des électeurs de Paris s'applique à la grande majorité de ceux du royaume.

Si l'on jugeait d'ailleurs avec la même sévérité des élections faites à d'autres époques, il en est peu qui soutinssent cette épreuve. La chambre des députés de 1814 tirait sa mission d'une source bien moins pure, nommée qu'elle était par le sénat, dans un temps où le sénat n'était que l'agent aveugle du despotisme impérial. L'élection des députés de 1815 avait été l'ouvrage de colléges électoraux non-seulement incomplets, mais dénaturés par l'introduction arbitraire de vingt électeurs sans mission, et ces colléges avaient voté, au nord et à l'est sous les baïonnettes étrangères, et dans le midi sous les poignards.

Je veux accorder que plusieurs individus aient été retenus par des scrupules que je ne blâme point, parce qu'ainsi que je l'ai déjà dit, en fait de scrupules tout est respectable : mais ils ne pouvaient invalider les droits des autres citoyens, que des motifs d'une nature plus patriotique et plus générale plaçaient au-dessus de ces scrupules.

Si l'on considère comme une nullité dans une élection l'absence d'une fraction d'électeurs, cette nullité aura lieu toutes les fois qu'un parti vaincu cherchera dans l'inertie les ressources que la force lui refuse. Il faut alors juger la validité des choix d'après d'autres règles, par l'indépendance des élus, par l'esprit qui les anime, par l'identité de leurs

intérêts avec les intérêts nationaux, et par les mesures qu'ils recommandent ou qu'ils consentent.

J'essaierai d'asseoir mon jugement sur ces bases,
et j'examinerai d'abord la composition de la chambre
des représentans.

J'y vois des membres de l'assemblée constituante,
parmi lesquels plusieurs rappelaient, par leurs noms,
le commencement d'une révolution, objet de toutes
les espérances, avant qu'elle eût été souillée par tous
les excès ; d'illustres proscrits, qui avaient bravé la
mort et les cachots pour ne pas tremper dans les
crimes de cette révolution pervertie ; des propriétaires de biens nationaux, possédant ces biens, pour
la plupart, par droit d'héritage ; beaucoup d'hommes
nouveaux, exempts de ces préjugés révolutionnaires
qui ne sont quelquefois pas moins invétérés et pas
moins funestes que les préjugés qu'ils ont remplacés.

On y retrouvait à la vérité quelques noms signalés
par une célébrité déplorable. Je ne suis assurément
point partial pour des hommes qui ont fait un mal
peut être irréparable à la liberté, et dont j'ai plus
d'une fois retracé les erreurs et combattu l'aristocratie ; car ils avaient formé durant leur puissance
une aristocratie aussi exclusive, aussi oppressive,
qu'aucune autre ; mais à cette dernière époque,
heureux d'être en quelque sorte réhabilités par le
choix du peuple, ils se montraient empressés à
réparer leurs fautes. Leurs successeurs immédiats

se sont montrés impatiens et avides d'en commettre.

On voit, par cet exposé des élémens de la chambre des représentans, que tous les intérêts y trouvaient leurs organes.

Les acquéreurs de biens nationaux représentaient le plus important de ceux que la révolution a créés, moins encore comme défenseurs des lois rendues et des ventes consommées, que sous le rapport de la division des propriétés, division qui est la base de la nouvelle organisation française, et qui sera dans un avenir plus ou moins prochain, mais que notre siècle verra sans doute éclore, la pierre angulaire de l'organisation européenne.

Les amis de la révolution de 1789 représentaient ce que la nation a voulu à cette époque et ce qu'elle veut aujourd'hui comme alors.

Les conventionnels eux-mêmes, malgré de déplorables égaremens, étaient aussi les représentans d'un intérêt national, celui de l'indépendance du territoire, et de l'expulsion de l'étranger; car rien ne peut effacer cette vérité historique, que la convention a trouvé l'ennemi à trente lieues de Paris, et qu'on a dû à ses prodigieux efforts de conclure la paix à trente lieues de Vienne.

Composée de ces élémens, la chambre des représentans était donc éminemment une chambre nationale. Elle ne démentit point les espérances que sa composition faisait concevoir. Mais, pour l'apprécier équitablement, il faut considérer qu'une assemblée qui n'a eu que treize jours d'existence constitutionnelle, doit être jugée par ses intentions plus que par ses actes, et par les propositions qu'elle a repoussées ou accueillies plus que par les lois qu'elle n'a pas eu le temps de faire ou de sanctionner.

La nomination de M. Lanjuinais à la présidence fut une preuve de respect pour la morale, de discernement et d'indépendance. Ce citoyen respectable et respecté avait, comme sénateur, manifesté une opposition constante aux volontés impériales, et il s'était distingué antérieurement, dans des circonstances plus dangereuses encore, par son courage inaltérable et son inflexible caractère. Ce choix fut l'objet d'une approbation générale. Les amis de la liberté virent, dans la nomination du président, une garantie pour les principes; les amis de la France y virent un nom national; les ennemis de Bonaparte, un germe d'hostilité.

Les opérations subséquentes de l'assemblée répondirent au choix qui avait marqué l'entrée de sa carrière. Dès sa première séance, elle refusa son assentiment à un hommage prématuré en faveur de l'armée, et prouva ainsi, par une délibération solennelle, qu'elle ne voulait pas s'appuyer de la force militaire contre la nation (Moniteur du 8 juin 1815). Les discours prononcés dans son sein sur la ques-

tion du serment, annoncèrent une détermination
fixe de résister à tous les abus dont la France avait
supporté le poids durant quatorze années. Elle rejeta
unanimement la proposition de décerner à Napoléon
le titre de sauveur de la patrie (Moniteur du 9 juin).
Elle se hâta de se déclarer la protectrice de la liberté
individuelle (Moniteur du 10) : deux fois elle força
la police à relâcher des détenus (Moniteur des 10
et 13) ; et, tout environnée qu'elle était des dangers de la guerre civile, elle s'occupa d'adoucir la
suspension momentanée des garanties légales dans les
provinces que cette guerre agitait.

Elle fit plus : comme pour prouver que la gloire
du conquérant ne l'aveuglerait pas sur son despotisme, en recevant la nouvelle de la victoire de
Ligny, et avant qu'on pût redouter aucun désastre ,
c'est-à-dire au moment où la puissance de Bonaparte
semblait s'affermir, elle vota la formation d'une
commission qui serait chargée d'examiner l'acte
constitutionnel. Enfin, ce fut dans un de ces jours
de deuil, lorsque la perte de la funeste bataille qui
ouvrit les portes de la France aux phalanges étrangères, remplissait tous les esprits de justes défiances, lorsque chaque Français pouvait croire sa
vie, sa liberté, ses propriétés menacées par la trahi-
son, ce fut alors que fut proposée l'abolition de la
confiscation pour tous les délits, sans en excepter
ceux des traîtres et ceux des transfuges. Quelques

mois plus tard, d'autres hommes, dans une autre assemblée, demandèrent le rétablissement de la confiscation sous le nom d'indemnités ; et ces hommes sont ceux qui aujourd'hui gouvernent la France.

Telle fut donc la conduite de la chambre des représentans aussi long-temps qu'elle eut à traiter avec un pouvoir exécutif, dont une constitution écrite avait déterminé les prérogatives. Elle ne s'abaissa point devant lui ; elle fit valoir les droits du peuple dont elle représentait les intérêts. Elle ne manqua ni à sa dignité ni à ses devoirs ; et lorsque le malheur des événemens l'eut rendue la seule autorité existante, l'amour de la patrie et le respect pour la liberté l'emportèrent encore dans ses délibérations sur toute crainte personnelle comme sur tout calcul ambitieux.

Je n'en citerai qu'un seul exemple.

Après la bataille de Waterloo, un projet de loi fut présenté par le gouvernement provisoire. Ce projet avait une triste ressemblance avec ceux que proposent tous les gouvernemens dans les circonstances périlleuses, bien que les projets de ce genre n'aient jamais conjuré aucun péril. Celui-ci consistait à donner au gouvernement la faculté de mettre en surveillance ou de détenir pendant trois mois, sans les traduire devant les tribunaux, les personnes prévenues d'entretenir des correspondances avec les ennemis, de provoquer ou de favoriser les troubles civils,

d'arborer d'autres couleurs ou d'autres signes de ralliement que les couleurs nationales, de publier de
fausses nouvelles, d'engager les militaires à la déser-
tion ou de les empêcher de rejoindre leurs drapeaux.
Au moment où ces propositions étaient soumises à la
chambre des représentans, l'ennemi était dans le cœur
du royaume, l'armée n'était qu'à peine ralliée, l'état
n'avait plus de chef, et des complots s'ourdissaient
ouvertement au sein même de la capitale.

Certes, j'aurais peu d'efforts à faire pour citer plus
d'une assemblée que des dangers moins grands ont
précipitée dans des excès plus graves. De toutes parts,
au contraire, s'élevèrent dans la chambre des représentans les réclamations les plus énergiques. Les
principes furent invoqués comme dans un temps de
sécurité complète. Les précautions les plus sévères
furent opposées à tous les empiétemens possibles de
l'autorité ; et les mandataires de la France sem-
blèrent avoir oublié l'orage qui les menaçait eux-
mêmes, pour veiller encore, dans leurs derniers momens, sur les propriétés dont la défense leur était
confiée. Rappellerai-je cette séance (Moniteur
du 16 juin) dans laquelle une seule voix invoqua
contre une classe hostile et redoutable (la suite l'a
prouvé), des moyens que rien ne justifie ni n'excuse ?
Un sentiment général d'indignation interrompit l'o-
rateur, et le généreux soulèvement de l'assemblée
força ses accusateurs à lui rendre hommage.

« Honneur à la représentation nationale, écrivit
» un journaliste qui, plus tard, l'a poursuivie de ses
» invectives, honneur à la représentation nationale
» qui a rejeté la monstrueuse proposition de mettre
» hors la loi les insurgés, leurs ascendans et leurs
» descendans. Ce noble mouvement, ce mouvement
» unanime et spontané, a rempli de sécurité, de
» satisfaction et de reconnaissance l'âme de tous les
» Français. On s'est dit : L'assemblée qui représente
» la France peut être divisée comme elle par quelque
» dissentiment politique ; mais au moins elle est
» réunie dans le sentiment de la justice et de l'huma-
» nité. Oui, représentans, votre élection, faite dans
» un temps de trouble et d'irrégularité, fût-elle tout
» illégitime, fussiez-vous réunis par le hasard seul,
» vous seriez nos vrais mandataires du jour où vous
» avez repoussé de la tribune celui qui voulait en
» écarter la loi. »(Journal général de France, du 18 de
juin 1815.) Il est bizarre, sans doute, qu'après un
tel langage les mêmes écrivains aient appelé la
chambre des représentans un ramas de forcenés révolutionnaires. Il est vrai qu'alors elle n'existait
plus.

Si j'avais le temps ou la volonté de me livrer à une
comparaison assez naturelle, je rapprocherais cette
conduite de la chambre des représentans de celle de
la chambre des députés de 1815, lorsqu'un gouvernement fort de la soumission d'un peuple épuisé et

de la présence de huit cent mille étrangers armés
pour sa cause, demanda aussi la suppression de
toutes les garanties, et voulut placer sous un empire
discrétionnaire la liberté de tous les individus. Ce
ne fut point alors contre l'arbitraire ou la sévérité de
la loi que les députés s'élevèrent, ce fut contre sa
faiblesse et son insuffisance.

Les circonstances cependant auraient dû les disposer à la modération et à la douceur. J'ai peint les dangers qui entouraient la chambre des représentans au
mois de juin 1815. Celle des députés jouissait, au
contraire, au mois d'octobre de la même année, de
toute la sécurité du succès : le roi était rétabli sur son
trône ; tous ses ennemis étaient dispersés ; un million
d'alliés inondait la France. Qui aurait prévu que,
tandis que l'assemblée menacée s'était montrée toujours scrupuleuse, équitable et calme, avait sacrifié à
la justice ses plus pressans intérêts, avait refusé d'a-
cheter son salut par la violence et par l'arbitraire,
l'assemblée triomphante se livrerait à des fureurs
implacables, et réclamerait contre des victimes dés-
armées les fers et l'échafaud? Tous les changemens
apportés à la loi de sûreté publique par la chambre
des représentans, avaient eu pour but d'adoucir les
mesures proposées : tous les amendemens émanés de
la chambre des députés de 1815, tendaient à rendre
la loi plus discrétionnaire et plus rigoureuse. En li-
sant le rapport de la commission des représentans, on

y trouve l'expression constante de la répugnance et du regret ; on y remarque de nombreux hommages rendus aux bonnes intentions des opposans : le rapport de la commission des députés de 1815 se distingue par des dénonciations vagues et haineuses, des accusations virulentes, et la menace expresse de faire peser les rigueurs de la loi sur quiconque oserait la rejeter.

M. Flaugergues aimait à reconnaître que si le projet présenté n'eût pas trouvé de contradicteurs, il eût fallu désespérer de la liberté publique (Moniteur du 26 juin) : M. Bellart, au contraire, flétrissait d'avance les réclamations. « Plusieurs hommes ne manqueront pas, disait-il, de gémir hypocritement » sur ce qu'ils appelleront avec emphase une atteinte » à la liberté individuelle, et de se jeter dans des » abstractions métaphysiques pour calomnier une » mesure dont il n'est pas un seul homme de bien » qui ne sente qu'elle est indispensable. Que ré- » pondre à ces déclamations ? Rien. Levez les yeux » sur eux seulement. On peut se tenir assuré à l'a- » vance qu'on n'y trouvera jamais un ami véritable » de la charte. » (Moniteur du 22 octobre.) Je pourrais ajouter que, dans la chambre des représentans, dix orateurs furent entendus, et manifestèrent sans ménagement leur opposition : la chambre des députés de 1815 n'écouta qu'avec impatience deux orateurs, dont le second, pour avoir énoncé des faits connus de la France entière, se vit interrompu, insulté, censuré.

Non, certes, ce n'est point d'avoir été l'instrument du pouvoir que la chambre des représentans peut être accusée. Si elle a mérité quelques reproches, ces reproches sont d'un autre genre.

Entraînée par sa défiance contre Napoléon, elle ne vit de périls que dans ses triomphes. On eût dit que toute possibilité de revers avait disparu, au seul aspect de l'homme qui avait si long-temps enchaîné la fortune. Les discours prononcés à la tribune étaient pleins d'allusions contre l'engouement des conquêtes. L'adresse présentée à Bonaparte renfermait des protestations anticipées contre les abus de la victoire. La manifestation de ces sentimens honorables et courageux en eux-mêmes, avait toutefois un double inconvénient. En effrayant la nation sur le résultat de ses propres succès, on amortissait l'enthousiasme dont on avait besoin pour repousser l'Europe liguée ; et ce n'était pas sans quelque raison que Bonaparte, se rappelant ces conseils amers et ces leçons prématurées, prononçait ces paroles, malheureusement trop prophétiques : « L'entraînement de » la prospérité, disait-il, n'est pas le danger qui » nous menace aujourd'hui ; c'est sous les fourches » Caudines que les étrangers veulent nous faire » passer. » (Réponse de Napoléon à l'adresse de la chambre des pairs.

En même temps ces soupçons mal déguisés, cette haine impatiente, qui avait besoin de marquer l'instant où la lutte entre le despotisme et la liberté commencerait, tous ces symptômes précoces d'une résistance qui n'attendait que le moment d'éclater, inquiétaient Bonaparte sur sa position. Frappé de la pensée qu'il était environné d'ennemis, il voulut les dompter par des triomphes complets et rapides. La conviction qu'il devait sans délai reparaître comme le vainqueur du monde, le suivit à Waterloo. A un séjour trop prolongé dans Paris, parce que Paris était seul l'objet de ses alarmes, il fit succéder une précipitation qui diminua ses forces et troubla son génie. Comme la représentation nationale n'avait paru voir d'adversaires que lui, il crut que son ennemi le plus redoutable était la représentation nationale. Il risqua en un jour toute sa destinée, et perdit ainsi la France en se perdant lui-même.

Et telle était, chose remarquable et instructive pour les despotes à venir, telle était l'impression que douze années d'asservissement avaient laissée dans toutes les âmes, que, même après ce désastre, les représentans et la nation conservèrent leurs ressentimens et leurs défiances. La prospérité de Bonaparte aurait effrayé les amis de la liberté, ses revers ne les rassurèrent pas. Saisis d'une étrange préoccupation, ils s'attachèrent à compléter la ruine d'un homme quand il fallait sauver l'état menacé. Les

9

passions ont un merveilleux penchant à croire ce qui les flatte : on s'obstina, malgré les nombreux exemples inscrits dans les annales de tous les peuples, à penser que la guerre cesserait à l'instant où la France aurait abjuré son chef; et, pour emprunter l'expression énergique d'un écrivain célèbre, tandis que la tempête battait le vaisseau, on jeta le gouvernail à la mer, et on l'offrit en sacrifice aux flots irrités. (M. de Pradt, du Congrès de Vienne.)

On voit qu'en justifiant la chambre des représentans contre des imputations non méritées, je reconnais son erreur la plus grave, je pourrais dire son unique erreur. On ne me reprochera pas de regretter le gouvernement que Napoléon nous imposa durant quatorze années, ce gouvernement dont l'éclat ne me paraissait qu'une bien faible compensation de la perte de nos garanties et de la gêne de nos facultés les plus précieuses; mais, comme on avait obéi à cet homme extraordinaire, quand la résistance aurait pu être louable et utile, on l'abandonna quand on ne pouvait se séparer de lui qu'en favorisant le pire des maux, l'invasion étrangère : puisqu'on l'avait reçu au 20 mars, il fallait vaincre avec lui l'Europe qu'on avait bravée, et se sentir assez de force morale pour être sûr qu'après avoir reconquis sous ses étendards l'indépendance, on défendrait contre lui la liberté.

Mais cette grande erreur de la chambre des représentans n'autorise point la réprobation dont une faction veut la frapper. Elle s'est trompée, sans doute, mais elle s'est trompée honorablement ; et ce n'est pas à ses calomniateurs actuels, gens qui ne nous ont donné que l'exemple de ramper devant le pouvoir quand il était sans bornes, et de le fouler aux pieds quand il était déchu, qu'il appartient de la condamner.

QUATRIÈME NOTE.

Page 4. — « Ce sont elles (les chambres) qui « l'ont contraint d'abdiquer. »

J'ai parlé dans la note précédente de la conduite de la chambre des représentans relativement à l'abdication de Bonaparte ; je me propose de consigner ici quelques détails qui concernent Napoléon lui-même. Ces détails me semblent devoir inspirer assez d'intérêt : la lutte d'un homme tel que lui contre une destinée à laquelle il n'avait plus les moyens d'échapper, sera toujours un spectacle imposant et instructif.

On sait qu'après la perte de la bataille de Waterloo il quitta son armée pour se rendre à Paris. Ce départ, qui compléta sa ruine, en changeant en déroute sans ressource ce qui n'était qu'un revers, fut une conséquence de la disposition qui s'était manifestée dans les chambres. La répugnance qu'elles

9..

avaient témoignée à s'unir à lui avant qu'aucune infortune l'eût frappé, lui annonçait clairement qu'à la première approche de l'adversité elles se hâteraient de séparer leur cause et celle de la France de la sienne. Il crut que sa présence les arrêterait ; et son retour, si impolitique sous tout autre rapport, est expliqué par cette espérance. L'évènement a prouvé qu'elle était trompeuse, mais le sentiment qui l'indiquait à Bonaparte comme la seule chance encore favorable, n'en était pas moins juste.

En effet, à peine la nouvelle de son désastre avait-elle atteint les barrières de la capitale, que l'idée de l'abandonner traversa tous les esprits. Soutenir la guerre contre toute l'Europe pour ne pas sacrifier un seul homme, semblait une pensée absurde ou coupable ; et nul ne se disait que repousser cet homme dans cette circonstance, c'était se priver d'un général habile, pour avoir ensuite la même guerre à continuer ou toutes les conditions d'une défaite à subir. Mais l'entraînement était universel. Non-seulement ceux que le 20 mars avait affligés, et qui ne s'y étaient résignés que pour leur sûreté personnelle ou par des motifs patriotiques, mais ceux-là mêmes qui avaient applaudi à cette journée, parce qu'elle dissipait leurs craintes, vengeait leurs injures, apaisait leurs vanités, flattait leurs calculs d'ambition ou de fortune, étaient tourmentés du besoin de déposer leur idole.

Quelques instans avant l'arrivée de Bonaparte à Paris, je vis entrer chez moi plusieurs des personnes que je croyais lui être le plus dévouées. Leur premier mot fut que l'empereur devait abdiquer. Elles s'expliquèrent sur la nécessité d'une abdication avec d'autant plus d'abandon et de confiance, que, témoins de ma répugnance lors de son retour de l'île d'Elbe, elles supposaient que je reviendrais facilement aux sentimens qui alors avaient motivé cette répugnance. Mais tout me parut être changé. Bonaparte, débarquant à Cannes, troublait un ordre constitutionnel qui, bien qu'imparfait, contenait pourtant de grands moyens d'amélioration. Il arrêtait sans doute la conspiration sourde et permanente des partisans de l'ancien régime ; mais nous n'avions pas besoin de lui pour venir à bout de si faibles adversaires ; nous pouvions nous passer de ce géant qui se précipitait dans nos rangs pour nous débarrasser de quelques pygmées. Sa présence était alarmante, son secours inutile et dangereux, et la liberté avait plus à craindre qu'à espérer d'un tel auxiliaire. Après le malheur de Waterloo, au contraire, l'Europe armée nous entourait ; une révolution intérieure, au milieu de l'acharnement des étrangers déjà triomphans, ne tendait qu'à nous enlever nos dernières ressources. J'avais toujours prévu qu'il faudrait un jour lutter contre Bonaparte, chef tout-puissant d'une armée victorieuse ; mais je ne pouvais

concevoir qu'on exigeât son abdication, quand cette
armée avait besoin de nous voir unis pour se rallier,
et de retrouver ce chef pour vaincre sous ses ordres.

Au reste, je n'eus guère le temps de développer
mes craintes ou d'exposer mes doutes. Pendant qu'on
s'évertuait à me prouver que Bonaparte ne pouvait
plus gouverner la France, quelqu'un survint, qui
nous apprit son retour à l'Elysée. Aussitôt les con-
spirateurs en herbe furent saisis d'une soudaine
épouvante. On eût dit que l'ancien prestige reparais-
sait comme aux jours des victoires ; et chacun me
quitta, en me recommandant de ne pas révéler ses
confidences prématurées.

Mais si l'approche de Bonaparte produisait encore une telle impression sur ceux qui avaient eu
long-temps auprès de lui l'attitude de l'obéissance, il
n'en était pas ainsi de la nation. Surprise, fatiguée,
mécontente, affermie dans ses défiances par la tribune et par les journaux, elle vit, dans l'arrivée
subite du guerrier vaincu, la prolongation de la lutte,
le renouvellement des efforts, les hasards d'une défense obstinée, les dangers, et peut-être les incom-
modités d'un siége qui interromprait les spécula-
tions et dérangerait les jouissances.

Or, dans notre état de civilisation, ce qu'il y a
de plus insupportable, c'est ce qui dérange.

Cette disposition générale, partagée par la grande
majorité de la chambre des représentans, ne tarda

pas à se manifester. Si Bonaparte eût suivi jusqu'au bout le projet dont son retour à Paris n'était que la première partie; si, au lieu de se renfermer à l'Elysée, et de rassembler autour de lui les conseils de l'incertitude et de l'effroi, il se fût présenté au milieu des mandataires de la nation, un acte de courage, de grands souvenirs, des périls imminens, auraient peut-être contrebalancé les sentimens hostiles. Mais, comme tous les hommes dont les forces morales commencent à s'épuiser, on le vit s'arrêter à moitié chemin. Il avait pris sur lui la défaveur d'avoir abandonné son armée; il ne sut pas s'en relever en se montrant au peuple; et ses ennemis, s'apercevant qu'ils n'avaient rien à redouter de sa présence, sentirent bientôt que cette présence même était un tort de plus qu'ils pouvaient lui reprocher.

Les transactions publiques sont assez connues, je n'ai point à les rappeler ici ; et dans tout ce que je vais dire, Napoléon m'occupera seul.

Ce fut vers sept heures du soir qu'il me fit appeler à l'Elysée. Les chambres avaient décrété leur permanence, et la proposition d'abdication était déjà parvenue jusqu'à lui. Je le trouvai sérieux, mais calme. Je ne rendrai point un compte détaillé d'une conversation qui dura près de trois heures. Je ne me vanterai point, comme d'autres, de lui avoir dit sans ménagement la vérité dans son malheur : en fait de franchise ou de rudesse, il eût fallu, ce me semble,

commencer plus tôt. Je me bornerai à exposer les impressions que je remarquai en lui, et celles que
sa conversation produisit sur moi.

Je ne me déguisais point qu'une pensée pouvait
s'être naturellement présentée à son esprit. Ceux qui
l'avaient pressé de convoquer une assemblée représentative semblaient, d'après les résultats, n'avoir
voulu que lui tendre un piége. On a vu combien ces
soupçons étaient injustes ; mais, dans les circonstances où nous nous trouvions, ils n'en rendaient
pas moins ma position pénible. Je prévoyais qu'il me
parlerait de l'abdication qu'on exigeait de lui. Or,
autant avant son arrivée et avant la démarche de la
chambre des représentans, j'avais considéré cette
abdication comme funeste, autant elle me semblait
devenue inévitable. Le matin, je l'avais combattue
comme le projet pusillanime de quelques serviteurs
impatiens de jeter loin d'eux l'importune solidarité
d'un malheur sans espoir ; mais, proposée publiquement, offerte au peuple comme une ressource sûre,
elle avait déjà produit son effet. Déjà la France était
divisée ; et puisqu'on ne pouvait la conserver unie
sous Napoléon, il fallait tâcher de la réunir sous le
drapeau de l'indépendance nationale.

Néanmoins, en présentant à Bonaparte les motifs
qui rendaient son abdication indispensable, je justi-
fiais en quelque sorte sa défiance ; j'avais l'apparence
de le pousser au dernier pas qui restait à faire pour

achever l'ouvrage des chambres, dont j'avais sollicité
si vivement la convocation immédiate. En second
lieu, si, dans l'intérêt de la France, il fallait conseiller à Bonaparte cette abdication, en était-il de
même dans son intérêt? S'il descendait du trône, où
était son asile? Les promesses de ceux qui l'abandon-
naient me satisfaisaient peu. Les mieux intentionnés
aimaient à se faire illusion, parce que cette illusion
leur était commode. Impatiens d'atteindre leur but
présent, ils arrangeaient l'avenir de leur victime de
manière à tranquilliser leur délicatesse, se préparant,
si cet avenir était autre, à regretter de s'être trompés:
mais il était bien clair qu'ils ne pourraient protéger
contre l'Europe celui qu'ils désarmaient ; et bien que
Bonaparte dût prévoir sa situation future mieux que
personne, ne la lui exposer qu'incomplètement était
une sorte de mauvaise foi dont je ne voulais pas me
rendre coupable.

Il ne tarda pas à me soulager de cette perplexité
douloureuse. En répondant à mes premières paroles
sur le désastre de Waterloo, « Il ne s'agit pas à
» présent de moi, me dit-il, il s'agit de la France.
» On veut que j'abdique! A-t-on calculé les suites
» inévitables de cette abdication? C'est autour de
» moi, autour de mon nom, que se groupe l'armée:
» m'enlever à elle, c'est la dissoudre. Si j'abdique
» aujourd'hui, vous n'aurez plus d'armée dans deux
» jours..... Cette armée n'entend pas toutes vos

» subtilités. Croit-on que des axiomes métaphy-
» siques, des déclarations de droits, des discours de
» tribune, arrêteront une débandade?... Me repous-
» ser quand je débarquais à Cannes, je l'aurais conçu:
» m'abandonner aujourd'hui, je ne le conçois pas....
» Ce n'est pas quand les ennemis sont à 25 lieues
» qu'on renverse un gouvernement avec impunité.
» Pense-t-on que des phrases donneront le change
» aux étrangers? Si on m'eût renversé il y a quinze
» jours, c'eût été du courage.... mais je fais partie
» maintenant de ce que l'étranger attaque, je fais
» donc partie de ce que la France doit défendre... En
» me livrant, elle se livre elle-même, elle avoue sa
» faiblesse, elle se reconnaît vaincue, elle encou-
» rage l'audace du vainqueur... Ce n'est pas la li-
» berté qui me dépose, c'est Waterloo, c'est la peur,
» une peur dont vos ennemis profiteront.

» Et quel est donc le titre de la chambre pour me
» demander mon abdication? Elle sort de sa sphère
» légale, elle n'a plus de mission. Mon droit, mon
» devoir, c'est de la dissoudre. »

Alors il parcourut rapidement les conséquences
possibles de cette mesure. Séparé des chambres, il
n'était plus qu'un chef militaire; toute la population
paisible et industrieuse ne voyait plus en lui un
pouvoir constitutionnel : mais l'armée lui restait,
l'armée, que l'aspect de l'étendard étranger rallie
toujours autour de quiconque veut l'abattre. En sup-

posant même que cette armée éparse se divisât, la
portion qui lui demeurerait fidèle pouvait se grossir
de cette classe véhémente et nombreuse, facile à
soulever parce qu'elle est sans propriété, et facile à
conduire parce qu'elle est sans lumières. Il n'y avait
point là de moyens d'organisation, mais il y avait
beaucoup de moyens de résistance.

Comme si le hasard eût voulu fortifier Napoléon
dans le sentiment des ressources que lui promettait cette résolution désespérée, au moment où il
comparait ses forces avec celles de ses adversaires,
l'avenue de Marigny retentit des cris de *vive l'em-*
pereur. Une foule d'hommes, pour la plupart de la
classe indigente et laborieuse, se pressait dans cette
avenue, saisie d'un enthousiasme en quelque sorte
sauvage, et tentant d'escalader les murs de l'Elysée
pour offrir à Napoléon de l'entourer et de le défendre. Ces cris, poussés jadis au milieu des fêtes,
au sein des triomphes, et se mêlant tout à coup à
notre entretien sur l'abdication, formaient un con-
traste qui me pénétra d'une émotion profonde. Bonaparte promena quelque temps ses regards sur cette
multitude passionnée. « Vous le voyez, me dit-il,
» ce ne sont pas là ceux que j'ai comblés d'honneurs
» et de trésors. Que me doivent ceux-ci? Je les ai
» trouvés, je les ai laissés pauvres. L'instinct de la
» nécessité les éclaire, la voix du pays parle par
» leur bouche; et si je le veux, si je le permets, la

» chambre rebelle, dans une heure elle n'existera
» plus..... Mais la vie d'un homme ne vaut pas ce
» prix. Je ne suis pas revenu de l'île d'Elbe pour que
» Paris fût inondé de sang. »

Maintenant qu'on y réfléchisse. Dans la position
de Bonaparte, les élémens de trouble, si déplorables par leurs effets généraux, ne pouvaient que
tourner à son avantage personnel. N'avait-il pas en
perspective la captivité, peut-être la mort? Il sor-
tait des routes de la civilisation : mais, faute d'en
sortir, il voyait l'abîme s'ouvrir sous ses pas. Une
démagogie effrénée, qu'il eût rassasiée de la spolia-
tion des propriétaires et de la proscription des
classes supérieures, était sa terrible mais unique
ressource. Il eût pu être encore le Marius de la
France, et la France fût devenue certainement le
tombeau des nobles, et peut-être le tombeau des
étrangers. Ce fut avec horreur et avec dégoût qu'il
repoussa cette pensée. Il préféra sa perte à une
chance de salut tellement odieuse. Il y a dans ce
choix quelque mérite.

Et qu'on ne se targue pas ici d'un héroïsme qui
n'a jamais été mis à aucune épreuve. Bonaparte,
voué par l'Europe à la vindicte publique, avait tout
à redouter pour sa liberté et pour sa vie. Or combien d'hommes, pour conserver l'une ou l'autre, ont
trahi l'amitié, livré leur patrie! Combien se sont
faits bourreaux pour n'être pas victimes! Celui qui,

fort encore des débris d'une armée invincible durant 20 années, fort d'une multitude qu'électrisait son nom, qu'épouvantait le retour d'un gouvernement qu'elle croyait contre-révolutionnaire, et qui ne demandait pour se précipiter sur ses ennemis que le signal du soulèvement, a déposé le pouvoir plutôt que de le disputer par le massacre et la guerre civile, a, dans cette occasion, bien mérité de l'espèce humaine.

Ce n'est pas que je veuille attribuer sa détermination uniquement à des motifs aussi purs : tout est mélangé dans le cœur de l'homme ; la lassitude y contribua. Après 20 années de la carrière la plus agitée qu'un mortel ait jamais été appelé à parcourir, cette lassitude était naturelle ; elle l'était surtout dans un homme qui, doué par la destinée de qualités prodigieuses, était privé néanmoins de la plus précieuse de toutes les qualités, je veux dire de ce respect pour la nature humaine qui, nous montrant dans le bonheur général un but plus élevé que nous-mêmes, nous modère dans le succès et nous fortifie dans l'adversité. Lorsqu'on se fait un triste plaisir de mépriser ses semblables, on finit, sans le savoir, par se désintéresser de soi. Bonaparte avait épuisé la coupe de l'adulation et celle de l'outrage ; toutes les passions ignobles s'étaient déployées devant lui, dans la nudité de leur bassesse, de leur avidité, de leur peur, le saluant le front dans la poussière et lui demandant des fers. Quelque penchant qu'il eût pour le despotisme, la servitude l'avait toujours devancé. Il pouvait s'en prendre de la plupart de ses fautes à ceux mêmes qui l'avaient trahi après l'avoir excité. Certes il y avait là de quoi ressentir un dégoût, une satiété que ne pouvait balancer le plus vivace égoïsme. Au sein de la grandeur, Bonaparte manifestait déjà cette disposition, alors sans inconvéniens; il n'y a que de la bonne grâce à dédaigner ce qu'on possède : mais à son retour de l'île d'Elbe, elle devint plus irrésistible, en même temps qu'elle était plus fâcheuse. Tous ceux qui ont eu. avec lui des relations fréquentes durant les cent jours, ont pu remarquer en lui je ne sais quelle insouciance sur son avenir, quel détachement de sa propre cause, qui contrastaient singulièrement avec sa gigantesque entreprise. Il interrompait les conversations les plus importantes pour se livrer à des entretiens qui ne touchaient en rien à ses intérêts. Il ne domptait plus, comme autrefois, les distractions, le sommeil, la fatigue. Sa puissance d'attention semblait à son terme. Il s'exprimait sur les périls dont il était menacé comme un homme qui trouve qu'il ne vaut plus la peiné de dissimuler ; et pourtant il savait mieux que personne que, pour conserver des défenseurs courageux, il est essentiel de leur persuader que la défense n'est pas dangereuse. On eût dit, en un mot, qu'en s'élançant de nouveau

sur le trône de France, il n'avait voulu que montrer combien il lui était facile de bouleverser, par sa
seule présence, notre vieille Europe, si pédantesque-
ment façonnée par des gouvernemens routiniers. Peut-
être aussi se faisait-il une certaine illusion sur le sort
qui l'attendait. Environné si long-temps du respect des
rois, il paraissait ne pouvoir admettre qu'ils abjuras-
sent tout à coup les derniers restes de ce respect, pour
le traiter comme un coupable. Il pensait que, pour
leur propre honneur, ils préserveraient de rigueurs
et d'insultes inutiles l'homme qu'ils avaient nommé
leur frère et leur égal. La fuite lui répugnait. « Pour-
» quoi ne resterais-je pas ici? disait-il sans cesse. Que
» voulez-vous que les étrangers fassent à un homme
» désarmé? J'irai à Malmaison; j'y vivrai dans la re-
» traite, avec quelques amis qui ne viendront cer-
» tainement me voir que pour moi. » Et alors il dé-
crivait avec complaisance et même avec une sorte de
gaieté son genre de vie nouveau... Puis, rejetant
une idée qui en effet ressemblait à une bizarre plai-
santerie: « Si l'on ne me veut pas en France, où veut-
» on que j'aille? En Angleterre? mon séjour y sera
» ridicule ou inquiétant. J'y serais tranquille, qu'on
» ne le croirait pas. Chaque brouillard serait soup-
» çonné de m'apporter sur la côte. Au premier as-
» pect d'un habit vert débarquant d'une chaloupe,
» les uns s'enfuiraient hors de France, les autres
» mettraient la France hors la loi. Je compromet-

» trais tout le monde , et , à force de dire, Voilà qu'il
» arrive , on me donnerait la tentation d'arriver. . . .
» L'Amérique serait plus convenable ; j'y pourrais
» vivre avec dignité. . . . . . Mais, encore une fois,
» qu'ai-je à craindre en restant ? Quel souverain
» pourrait, sans se nuire, me persécuter? J'ai rendu
» à l'un la moitié de ses états : que de fois l'autre m'a
» serré la main en m'appelant *grand homme !* et le
» troisième peut-il trouver plaisir ou honneur dans
» les humiliations de son gendre? Voudront-ils, à la
» face de la terre, proclamer qu'ils n'ont agi que de
» peur ?

 » Au reste, je verrai; je ne veux point lutter par
» la force ouverte. J'arrivais pour combiner nos der-
» nières ressources : on m'abandonne. . . . . on m'a-
» bandonne avec la même facilité avec laquelle on
» m'avait reçu ! . . . . . Eh bien! qu'on efface, s'il est
» possible, cette double tache de faiblesse et de
» légèreté! qu'on la couvre au moins de quelque
» lutte, de quelque gloire! qu'on fasse pour la patrie
» ce qu'on ne veut plus faire pour moi. . . . . . . Je ne
» l'espère point. Aujourd'hui ceux qui livrent Bona-
» parte disent que c'est pour sauver la France : de-
» main, en livrant la France, ils prouveront qu'ils
» n'ont voulu sauver que leurs têtes. »

On conçoit aisément que je ne transcris ces paroles
de Bonaparte qu'en ma qualité d'historien, et sans
adopter en totalité le jugement qu'elles contiennent.

Ce jugement n'est applicable qu'à ceux des auteurs
ou des promoteurs de son abdication qui n'y cher-
chèrent qu'un moyen de sûreté pour eux-mêmes.
Ceux-là, sans doute, n'ont guère le droit de réclamer
contre un certain degré de mépris. Il faut seulement,
avant de verser ce mépris sur eux, ne pas se déguiser qu'il atteindra beaucoup de monde. A notre
époque avancée de la civilisation, chacun pouvant
arranger à son gré sa vie indépendamment des évènemens, l'ordre social n'étant plus intimement lié
aux formes politiques, les calamités générales ne
bouleversant plus de fond en comble les existences
privées, il reste aux individus, quels que soient les
malheurs publics, tant de jouissances personnelles,
que le sacrifice de ces jouissances est presqu'au-
dessus des forces humaines. En conséquence, à
peu d'exceptions près, le premier mouvement de
la masse des hommes est de couper toute communication entre eux et le malheur.

Cependant, comme l'égoïsme sent le besoin de
prendre pour étendard un principe, on a inventé,
ou, pour mieux dire, on a emprunté de l'antiquité
une rédaction, qui, chez les anciens, servait à l'héroïsme, et qui de nos jours sert à la bassesse. On
abandonne celui qu'on avait volontairement choisi
pour maître; on trahit l'allié qu'on a peut-être,
avant l'instant du péril, encouragé à se compromettre, et l'on en est quitte pour dire qu'il faut

10

s'occuper des choses et non des personnes, et qu'on ne doit pas balancer entre un homme et la patrie; mot sublime quand il s'agit de soi, mais beaucoup moins noble quand il s'agit d'un autre. Chacun apprécie ce raisonnement; mais comme chacun l'emploie à son tour, personne ne le réfute; la victime tombe, et l'indifférence couvre le tout par l'oubli.

Au reste, défendre les hommes qui ont abandonné Bonaparte dans son adversité, après l'avoir servi avec un zèle sans bornes dans tous les abus de sa puissance, n'est pas mon affaire : je laisse pour ce qu'ils valent, ces courtisans qui ont désiré son abdication par poltronnerie, et son retour par vanité; gens dévoués de droit au pouvoir, et, pour ainsi dire, inféodés au succès.

Ce qui m'importe, c'est de déclarer que ceux qui ont agi dans l'intime conviction que tout gouvernement dirigé par Bonaparte serait incompatible avec les principes qui font le bonheur de l'espèce humaine, s'ils n'ont pas connu la position des choses, et se sont écartés des règles de la prudence, ne l'ont point fait pour sauver leurs têtes, car ce sont ces mêmes hommes qui, plus d'une fois, ont risqué leur vie pour l'honneur et pour la liberté de la France.

Retraçons-nous la marche suivie par cet homme doué de tant de forces, et dépositaire de tant d'espérances, et nous pardonnerons facilement aux auteurs de la révolution nationale de 1789 de n'avoir pu oublier le mouvement rétrograde que son bras de fer avait imprimé à la France et à l'Europe. Les garanties accordées de fait à des intérêts purement matériels ne leur paraissaient que des moyens habiles, et par là même d'autant plus funestes, de détacher la masse des citoyens des intérêts moraux, qui seuls méritent le culte des ames élevées, parce que seuls ils contiennent les germes du véritable perfectionnement. Ils n'ont pas senti qu'en renversant Bonaparte, ce n'était plus le despote ou le conquérant qu'ils renversaient, c'était le défenseur obligé des principes que précédemment il avait travaillé à étouffer; ils n'ont pas senti qu'il fallait comparer les dangers, et peser les défiances, et qu'assurément les poids opposés de la balance n'étaient pas égaux : mais si cette erreur trop naturelle a eu pour leur pays, comme pour eux-mêmes, des suites momentanément terribles, avec quel zèle, dès 1816, n'ont-ils pas lutté et pour la liberté intérieure et pour l'indépendance extérieure? Quelles séductions n'ont-ils pas repoussées? quels périls n'ont-ils pas bravés? Dans le moment où je trace ces lignes, leurs noms sont inscrits en lettres de sang sur les listes de la contre-révolution menaçante. C'est un éclatant hommage à la pureté de leurs vues; et devant cet hommage que leur rend chaque jour la haine acharnée de nos ennemis, tous les soupçons doivent se dissiper, tous les souvenirs doivent disparaître.

J'ai tâché de rapporter, aussi fidèlement que ma mémoire et nos circonstances actuelles me le permettaient, les principaux détails d'une conversation bien plus étendue et bien plus variée. Ma conviction fut, en quittant Bonaparte, que, s'il abdiquait, ce qui me semblait probable, malgré des vacillations fréquentes, cette démarche ne serait due ni aux conseils des amis timides, ni aux menaces des ennemis acharnés, mais à sa répugnance pour des moyens extrêmes, et plus encore, comme je l'ai dit, à un sentiment intérieur d'épuisement et de lassitude. J'aurais pu m'attribuer, ainsi que bien d'autres, une part du mérite de cette abdication; car des entretiens tête à tête se racontent comme l'on veut : mais Bonaparte seul, et ses souvenirs et ses dégoûts, et ses regrets peut-être d'avoir tant abusé d'un sort sans exemple, et sa surprise d'avoir mal connu une espèce si long-temps docile, qu'il s'était cru sûr de dominer toujours en la méprisant; telles furent, dans mon opinion, les causes de cet abandon de lui-même qui, dans les premiers jours qui suivirent cette époque, lui sembla, en quelque sorte, du soulagement et du repos. Qu'il ait ensuite par intervalles repris la pensée de ressaisir le pouvoir; qu'il ait accueilli plus d'une fois l'espoir que, dans un tel orage, la nation et l'armée le rappelleraient; que l'idée de conduire de nouveau à la victoire, contre des étrangers arrogans, des compagnons fidèles, ait fait battre son cœur et bouillonner son sang dans ses veines, rien de plus vraisemblable : mais au moment où il signait son abdication, c'était de fatigue, et c'était franchement. J'ignore si les faits que je viens de retracer exciteront le courroux de ceux qui font de l'histoire un de leurs moyens pour atteindre leur but : ce n'est pas ainsi que je sais l'écrire. Je n'ai voulu ni flatter ni déprécier un homme auquel notre époque doit presque également ses malheurs et ses progrès ; mais je ne me suis pas senti disposé à me jeter dans la foule ignoble de ces dénonciateurs des morts, reptiles qui se traînent sur des cendres pour y répandre leurs poisons. Je me suis dit toujours qu'insulter à la mémoire de Bonaparte, en lui refusant des facultés immenses, et même souvent des sentimens humains, c'était mentir à sa conscience, ou se montrer stupide : mais, d'une autre part, vouloir attirer un intérêt sans mélange, se livrer à un enthousiasme sans restriction, sur une tombe dépositaire de tant de leçons diverses, bonnes comme exemples, et non comme modèles, c'est ne pas bien servir la cause de l'humanité.

Napoléon fut grand ; mais son système était vicieux et funeste : et tant que nous en subirons les tristes conséquences, tant que les gouvernemens qui l'ont proscrit et ceux qui l'ont remplacé se constitueront les continuateurs de ce qu'il avait d'arbitraire et d'absolu, je penserai, bien qu'avec regret, que tout hommage rendu à l'homme doit être accompagné de la réprobation du système.

Si le lecteur avait sous les yeux ce que j'écrivais sur Bonaparte à une époque où je ne le connaissais guère que par les douleurs de mes amis les plus chers, et par un exil volontaire hors de cette France qu'il avait fermée aux objets de mes affections les plus profondes, il verrait que mon opinion, plus sévère sans doute dans les expressions, était néanmoins peu différente de celle que je consigne aujourd'hui dans cet ouvrage : alors, comme à présent, j'accusais moins l'homme que le siècle, ses flatteurs et la corruption d'une civilisation vieille et pervertie.

« Lorsque, disais-je, arrivé solitaire, dans le dé-
» nuement et l'obscurité, jusqu'à l'âge de vingt-
» quatre ans, il promenait ses regards autour de lui,
» pourquoi lui montrions-nous un pays où toute idée
» religieuse était un objet d'ironie ? Lorsqu'il écou-
» tait ce qui se professait dans nos cercles, pour-
» quoi de graves penseurs disaient-ils que l'homme
» n'avait de mobile que son intérêt ? S'il a démêlé
» facilement que toutes les interprétations subtiles
» par lesquelles on veut éluder les résultats après

» avoir proclamé le principe, étaient illusoires,
» c'est que son instinct était sûr et son coup d'œil
» rapide...... S'il n'y a que de l'intérêt dans le
» cœur de l'homme, il suffit à la tyrannie de l'ef-
» frayer ou de le séduire pour le dominer. S'il n'y a
» que de l'intérêt dans le cœur de l'homme, il n'est
» point vrai que la morale, c'est-à-dire l'élévation,
» la noblesse, la résistance à l'injustice, soient d'ac-
» cord avec l'intérêt bien entendu. L'intérêt bien
» entendu n'est dans ce cas, vu la certitude de la
» mort, autre chose que la jouissance combinée, vu
» la possibilité d'une vie plus ou moins longue, avec
» la prudence qui donne aux jouissances une cer-
» taine durée. Enfin lorsqu'au milieu de la France
» déchirée, fatiguée de souffrir et de se plaindre,
» et ne demandant qu'un chef, il s'est offert pour
» être ce chef, pourquoi la multitude s'est-elle em-
» pressée à solliciter de lui l'esclavage? Quand la
» foule se complaît à manifester du goût pour la
» servitude, elle serait par trop exigeante si elle
» prétendait que son maître dût s'obstiner à lui don-
» ner de la liberté.

» Je le sais, la nation se calomniait elle-même,
» ou se laissait calomnier par des interprètes infi-
» dèles : malgré l'affectation misérable qui parodiait
» l'incrédulité, tout sentiment religieux n'était pas
» détruit ; en dépit de la fatuité qui se disait égoïste,
» l'égoïsme ne régnait pas seul : et quelles que fus-

» sent les acclamations qui faisaient retentir les airs,
» le vœu national n'était pas la servitude : mais Bo-
» naparte a dû s'y tromper ; il a jugé la France d'a-
» près ses paroles, le monde d'après la France telle
» qu'il l'imaginait. »

Oui, je le pense. Jeté par la destinée dans la foule,
à travers laquelle son génie devait lui ouvrir un passage, Bonaparte a été modifié par les élémens qui
l'ont entouré dès sa naissance : ces élémens étaient les
débris d'une monarchie absolue, mise en fermentation par une révolution devenue tyrannique. La
corruption, le mépris des hommes, le besoin du
plaisir et des richesses, et, pour les conquérir, la
flatterie, l'empressement à servir le despotisme,
quand il était fort, tel fut le spectacle qui frappa les
yeux du jeune ambitieux : ce fut avec ces élémens
qu'il se construisit un système ; mais il valait mieux
que ces élémens, il valait mieux que ce système, et
c'est pour n'avoir pas été ce qu'il pouvait, ce qu'il
devait être, que nous l'avons vu tomber et périr. Le
monde a été puni de l'avoir corrompu : il a été puni
de s'être laissé corrompre.

CINQUIÈME NOTE.

« Page 5. — Avec l'intervention étrangère, il
» n'y a plus ni monarchie, ni république, ni suc-
» cession régulière, ni pacte social, ni liberté. »

Une des preuves les plus remarquables de l'aveuglement ou de la mauvaise foi de l'esprit de parti,
c'est la manière dont on a répété, durant sept années,
que les plénipotentiaires français envoyés près des
monarques réunis à Haguenau, avaient demandé à
placer la couronne sur la tête d'un prince étranger.

Les conférences de ces plénipotentiaires ont été
relatées avec tant de détail dans plusieurs ouvrages (1) qui ont paru depuis six ans, que je laisserai

---

(1) *Voyez* les lettres sur le retour de Napoléon, écrites en
anglais par M. Hobhouse. Ces lettres, pleines de traits
spirituels et inspirées par un véritable amour pour la liberté, ne sont pas d'une exactitude complète dans ce qui
a rapport à l'arrivée de Bonaparte, et aux évènemens antérieurs à la bataille de Waterloo. L'admiration de l'auteur anglais pour Bonaparte, qu'il ne considère que comme
l'antagoniste du despotisme, le rend fréquemment un juge
partial, et sa confiance dans le Moniteur donne à ses récits
un air officiel incompatible avec la vérité historique ; mais

de côté les anecdotes et les particularités qui ne tiennent point à la calomnie dont la réfutation est l'objet de cette note; mais j'affirmerai ici, de la manière la plus positive, et je prouverai, par des faits et par des raisonnemens, que lorsqu'après les phrases d'étiquette et de convenance qui précèdent toute négociation, nous fûmes appelés à énoncer le motif de notre arrivée auprès des monarques qui marchaient contre la France, celui d'entre nous qui s'exprima le premier et le plus explicitement sur cette question, écarta, dès son début, la pensée que nous proposions aux étrangers de disposer d'un trône qu'un

---

il paraît avoir reçu des renseignemens fidèles sur les conférences d'Haguenau : ce qu'il cite des discours prononcés par les plénipotentiaires français est parfaitement conforme à ce que mes souvenirs me retracent, et j'ai retrouvé avec étonnement, dans plusieurs de ces discours, mes propres paroles et celles de mes collègues. Il a paru de plus à Paris en 1819 une brochure intitulée : *Esquisse historique et Fragmens inédits sur les Cent Jours.* On s'aperçoit facilement qu'elle a été écrite d'après les Mémoires d'un témoin oculaire. Les faits y sont présentés avec scrupule et avec candeur. En rendant justice au patriotisme et aux sentimens élevés qui caractérisent l'auteur ou les auteurs de cette brochure, je diffère d'eux essentiellement, comme on l'a vu, sur l'utilité et les résultats de l'abdication; mais le tableau des conférences d'Haguenau ne laisse rien à désirer.

Français seul peut occuper. « Nous ne voulons, dit
» le général Sébastiani, que l'indépendance et la
» liberté de notre pays. Aucune question n'est pré-
» jugée, aucun engagement n'est pris. La France,
» qui vous voit en armes contre elle; la France,
» dont vous avez promis de respecter le territoire et
» les droits, demande, par notre bouche, à savoir
» quels moyens honorables s'offrent encore pour
» faire cesser les maux de la guerre. »

Telle fut la base de la négociation que nous cher-
châmes à entamer; négociation qui, malgré tous
les obstacles, eût réussi peut-être sans l'opposition im-
périeuse du ministre anglais.

Si à ce fait positif on ajoute les considérations
que devaient suggérer aux plénipotentiaires les circonstances dans lesquelles ils se trouvaient placés, on
verra qu'il leur était impossible de faire spontané-
ment une proposition, quelle qu'elle fût. L'Europe
avait déclaré qu'elle ne voulait pas tolérer Bonaparte
sur le trône, les chambres françaises l'avaient renversé; et cependant des armées formidables s'avançaient en ennemies dans l'intérieur du royaume;
elles s'avançaient, au mépris des promesses solen-
nelles réitérées dans les proclamations de tous les généraux, dans les déclarations de tous les cabinets:
nous étions envoyés pour nous enquérir de la cause
de cette continuation d'hostilités, quand ces hostilités
n'avaient plus de but.

Les puissances ne cessaient de répéter qu'elles n'embrassaient point le parti du monarque que Bonaparte avait remplacé, et qu'elles nous laissaient parfaitement libres dans le choix de notre gouvernement. Il en résultait que, d'après la doctrine professée alors par tous les cabinets de l'Europe, nous avions le droit de régler la forme de notre organisation politique, et d'élire le dépositaire du pouvoir qu'aurait créé cette organisation ; il eût été abject et insensé de nous en remettre sur ces deux points à des ennemis qui n'exigeaient pas que nous les prissions ainsi pour arbitres. Une telle demande n'aurait servi qu'à placer la France dans une position gratuitement et inutilement humiliante. Les Alliés ne s'étaient concertés que pour détruire. En nous montrant disposés à recevoir le maître qu'ils voudraient nous imposer, nous aurions fait naître des prétentions qui auraient amené peut-être sur notre sol asservi et ravagé l'une de ces luttes si communes entre des confédérés après la victoire.

Le nom d'un prince étranger ne fut pas prononcé. Des choses énergiques furent dites par chacun de nous sur les fautes qui avaient rendu le 20 mars inévitable : et si par hasard on objectait qu'il était fâcheux de dévoiler à des yeux ennemis l'impéritie et les erreurs de notre gouvernement, nous répondrions que ce n'était pas notre volonté qui avait attiré ces ennemis au sein de la patrie, et que nous

n'avions pas été chercher des Prussiens et des Cosa-
ques pour leur faire cette confidence.

Il y a plus : ce sont les plénipotentiaires français
qui ont écarté la pensée de poser sur un front étranger la couronne de France; et comme il ne faut pas
manquer l'occasion de rendre justice à des hommes
qui n'ont mérité qu'un seul éloge, je dirai que la
répugnance qui était dans nos cœurs était aussi dans
les intentions du gouvernement provisoire qui nous
envoyait. Dans une réunion qui eut lieu aux Tuileries la veille de notre départ , quelqu'un parla de
la possibilité d'une régence étrangère, ou mi-partie,
dans l'hypothèse de la reconnaissance de Napoléon II.
Le repoussement fut unanime, et les quatre membres
du gouvernement qui assistèrent à cette réunion
(le duc d'Otrante, suivant son habitude, était auprès du général Wellington) déclarèrent qu'il valait
mieux périr qu'accepter une condition pareille. Je
n'attache pas beaucoup d'importance à cette déclaration : je ne sais que trop qu'on ne périt pas, ou du
moins que si l'on périt, ce n'est pas d'ordinaire à
force de courage; mais je rappelle ce fait comme
preuve qu'on n'était pas disposé à solliciter ce qu'on
repoussait avec tant de force.

Je viens de dire que ce furent les plénipotentiaires
français qui écartèrent l'idée d'un prince pris hors
de France. En effet, bien que, dans les conférences
mêmes, cette question n'ait jamais été traitée, les

insinuations confidentielles ne manquèrent pas pour
nous y conduire. On le croira sans peine si l'on
considère que la bataille de Waterloo, quelque avan-
tageuse qu'elle fût pour la coalition, ne décidait
rien pour l'avenir. Les ennemis ne pouvaient prévoir
qu'une capitulation dont la nécessité n'était point
démontrée, éloignerait de Paris, après un succès
(celui du général Excelmans contre les Prussiens),
une armée encore nombreuse, pourvue de tous les
moyens de défense, et qui brûlait de laver sa défaite, de venger sa patrie et l'honneur de ses drapeaux. L'esprit qui animait les citoyens des départemens, ceux de l'est surtout, remplissait d'inquiétude des vainqueurs quinze ans nos vassaux, et tout
surpris d'un triomphe inespéré. Et ici, sans doute,
on me permettra de rendre hommage aux habitans
de ces frontières de l'est que nous traversâmes dans
notre mission. Jamais l'héroïsme des siècles antiques
ne présenta un plus beau spectacle. Réduits à leurs
propres ressources, et elles étaient faibles et in-
suffisantes, troublés par les nouvelles qui leur arri-
vaient de l'intérieur, menacés, dépouillés, surveil-
lés sans cesse, ces habitans de l'est ne témoignèrent
pas un sentiment de découragement ou de crainte.
Les maires de chaque village faisaient respecter à
l'ennemi triomphant ce qui leur restait d'autorité civile, au milieu du désordre et de l'arrogance militaire
qui accompagnent les invasions. Cernée par des sol-

dats farouches, la population entière se pressait, à notre passage, autour des envoyés de la représentation nationale. Elle y remarquait avec enthousiasme ce grand citoyen, qui, pour la seconde fois peut-être, affrontait les cachots d'Olmutz. Chaque parole, chaque regard, chaque geste nous annonçait que l'espérance n'était pas perdue, que le dévouement n'était pas affaibli; et l'apparition de six hommes désarmés, allant à la rencontre des phalanges de l'Europe réunie, semblait remplir tous les cœurs de la conscience d'une force occulte, prête à reparaître irrésistible au premier appel d'un gouvernement vraiment national.

Cette disposition, qui éclatait à chaque instant dans toutes les provinces occupées par la coalition, suggérait aux hommes d'état allemands ou prussiens, qui étaient rassemblés à Haguenau, des réflexions sérieuses; le ministre anglais seul était inaccessible à ces réflexions; peut-être savait-il mieux que les autres ce qui devait se passer à Paris.

Quoi qu'il en soit, si, dans les conversations particulières, on a discuté la possibilité de mettre sur le trône de France un prince étranger, ce n'est pas de nous qu'est venue cette idée, qui est toujours restée dans le vague, et contre laquelle, si elle avait acquis quelque consistance, nous nous serions élevés. La France ne doit tenir son destin que d'elle-même. L'adoption d'une dynastie étrangère avec ses alliances et ses garanties diplomatiques, placerait cette belle France dans un rang secondaire. Il ne faut pas qu'elle devienne la succursale d'un autre empire, comme la Pologne, la Lombardie et les Pays-Bas. Toute intervention étrangère entraîne des suites qu'on ne peut calculer, et présente des chances dont aucune n'est favorable à la liberté. Une dynastie sans racines nationales, qui n'aurait de force que celle qu'elle emprunterait momentanément du parti qui l'aurait appelée, ce parti fût-il même le plus nombreux et le plus populaire, aurait à prendre pour sa sûreté les mêmes précautions qu'un gouvernement indigène qui serait contraire aux intérêts et aux vœux de la nation. Les querelles des jacobites et leurs menées sourdes ont nui durant cinquante années à la liberté de l'Angleterre, après la révolution de 1688.

D'ailleurs, une considération m'a toujours frappé, et me semble décisive. L'établissement d'un prince étranger sur le trône de France ne s'opèrerait pas, je le suppose, du consentement de tous ceux auxquels les principes consacrés par la politique européenne confèrent sur ce trône des droits plus ou moins directs. Or, s'il arrivait que l'un d'entre eux, courageux, populaire, prêt à donner à la liberté des garanties, levât contre l'étendard étranger le drapeau français ; si une portion de Français se rassemblait sous ses bannières, je ne conçois guère, je l'avoue, comment des Français se battraient pour un Autrichien ou pour un Russe contre des Français.

Toutes ces questions sont délicates, aussi je ne les aborde point pour les approfondir. J'indique les causes qui auraient détourné les plénipotentiaires français, non-seulement de faire, mais encore d'accepter la proposition qu'on leur impute ou qu'on leur reproche.

Maintenant, qu'il me soit permis de faire ressortir la bizarrerie de cette accusation placée dans la bouche de ceux qui la dirigent contre nous avec une obstination qui se joue des preuves et résiste à l'évidence. Quels sont donc ces hommes qui se prétendent si révoltés de la seule pensée d'une domination étrangère, à laquelle aucun de nous n'a jamais songé ? Ce sont ceux qui, pendant un quart de siècle, ont sollicité l'étranger d'envahir la France, ceux qui ont salué de leurs acclamations l'aigle autrichien ne flottant à Valenciennes, et le léopard britannique arboré à Toulon. Qu'ils veulent bien faire un retour sur eux-mêmes, ils verront que les amis de l'étranger ne sont que dans leurs rangs : les hommes sortis des nôtres ont porté ses fers, et jamais ses couleurs. Nous avons peuplé ses cachots : nos ennemis ont peuplé ses anti-chambres.

SIXIÈME NOTE.

Page 15. — « Plus d'une fois je n'avais traversé
» l'Europe qu'avec inquiétude et péril. Les
» royaumes semblaient tenus à bail de sa volonté
» (de Napoléon), et leurs chefs s'empressaient de
» repousser de leurs domaines asservis tous ceux
» qui pouvaient l'alarmer ou lui déplaire. »

La conduite de l'Europe durant les douze années du règne de Napoléon, est et sera bonne à
rappeler aussi long - temps que les gouvernemens
européens voudront marcher dans les erremens de
l'homme auquel ils ont obéi, qu'ils ont renversé,
et qu'ils imitent.

Il est certain que depuis 1801 jusqu'en 1812, si
l'on excepte les courtes époques des guerres tentées
par la Prusse et par l'Autriche, et terminées par la
bataille de Iéna et celle d'Austerlitz, il n'y aurait
pas eu, sur notre continent, un asile pour l'homme
que Bonaparte aurait voulu poursuivre de sa vengeance. Je me souviens que, traversant l'Allemagne,
de Leipsick à Schaffhouse, en 1804, lors du procès
du général Moreau, je fus arrêté à chaque pas par
des autorités germaniques très désireuses de trouver
en moi de quoi offrir à l'homme du destin une
preuve de zèle et un hommage de soumission. J'é-

prouverais peut-être la même inquisition aujour-
d'hui, par le même motif couvert d'un autre prétexte.

Heureusement Bonaparte, dont le défaut était de
ne considérer les hommes que comme des moyens
ou des obstacles, n'étendait jamais sa persécution
au-delà du cercle dans lequel un individu lui semblait dangereux. Il avait même soin de protéger
hors de France ceux qu'il empêchait d'y séjourner.

Lorsque Mme de Staël, si cruellement et si obsti-
nément exilée par lui, voyageait en Italie, quelqu'un demanda à Napoléon ce qu'il ferait si quelque prince de cette contrée faisait arrêter cette illustre proscrite, à cause des opinions libérales qui lui
attiraient la défaveur du gouvernement français ?
« Si on arrêtait Mme de Staël hors de France, ré-
» pondit-il, j'enverrais vingt mille hommes pour
» la délivrer. » Il y avait quelque grandeur à sentir
que la qualité de Français donnait un titre à la protection française, indépendamment de toutes les opinions, et que le pouvoir même qui sévissait injus-
tement contre un ennemi, devait au moins avoir
assez de noblesse pour ne pas permettre à l'obsé-
quiosité étrangère de servir ou d'exagérer son injustice.

Ce sentiment dirigea Bonaparte dès l'entrée de sa
carrière. On se rappelle que l'une des premières
conditions qu'il imposa à l'Autriche, lorsqu'il né-

11..

tait encore que général d'une armée, fut la délivrance de M. de La Fayette et des autres prison-
niers d'Olmutz ; il prescrivit cette clause à l'ennemi
.vaincu, sans y avoir été autorisé par le directoire,
qui n'osa pas le désavouer.

Poursuivre des sujets fugitifs pour causes politiques hors de son territoire, à moins qu'ils ne
soient en armes sur les frontières, est l'acte le plus
arbitraire dont une autorité puisse se souiller ; c'est
.se proclamer à la fois faible et implacable, c'est
abjurer tout sentiment de nationalité, c'est implo-
rer une bassesse en échange d'autres bassesses explicitement ou tacitement promises, e'est faire de la
diplomatie une succursale de la police.

Quant aux écrivains ou aux factions qui exhor-
tent les gouvernemens à agir ainsi, il faut avouer
que, sur ce point, comme sur beaucoup d'autres,
leur mémoire est courte. Durant trente ans, on les a
vus réclamer la sainteté du droit d'asile ; durant
trente ans, on a entendu leurs protestations contre la
violation de tous les principes, quand l'hospitalité
leur a été refusée, leurs reproches au directoire
français sur ses craintes puériles, ses persécutions
inquisitoriales, ses réquisitions abjectes. Grâces leur
soient rendues : les trouvant de la sorte condamnés
d'avance par leurs propres arrêts, nous pouvons
nous épargner la peine de les juger et de les flétrir
autrement que par leurs propres paroles.

(165)

SEPTIÈME NOTE.

Page 27. — « Le système de ce ministre de 1814,
» qui avait considéré la Charte comme un leurre
» jeté au peuple français, pour satisfaire une fan-
» taisie d'un jour, dont ce peuple se dégoûterait
» bientôt lui-même. »

Tel était en effet le système du ministère de 1814;
mais il a été remplacé par un système beaucoup
plus habile. Ce n'est plus de la Charte qu'on veut
se défaire ; c'est à l'aide de la Charte qu'on veut
enlever au peuple français les garanties qu'il croyait
avoir conquises. Un écrivain célèbre a le premier
indiqué la route qu'il fallait suivre pour atteindre
ce but. L'ordonnance du 5 septembre nous avait
éloignés de cette route ; un déplorable évènement
nous y a ramenés en 1820. En effet, si la loi d'é-
lections est calculée de manière à faire de la chambre des députés la réunion des élus du ministère ;
si en même temps l'ascendant de la grande propriété
foncière est tel que le ministère soit forcé d'obéir
à la classe privilégiée qui possède encore la grande
moitié du sol ; si cette classe, qui se porte elle-même
à la chambre élective, dirige les lois dans un sens
favorable à la concentration de la propriété, et contraire à l'influence de l'industrie ; si les ministres,

contraints à une soumission passive , confient toutes
les places aux membres ou aux instrumens de cette
classe ; si les fonctionnaires sont mis à l'abri de toute
poursuite , et trouvent un brevet d'impunité dans
des dispositions impériales soigneusement conser-
vées dans cette intention ; si la publicité devient
impossible à la tribune par des règlemens oppressifs
et des vociférations sauvages; si la presse est également rendue muette par la privation du jugement
par jurés , il faudrait être bien difficile pour ne pas
se contenter de la Charte, et bien aveuglé par l'a-
mour du passé pour regretter l'ancien régime.
Aussi suis-je loin d'accuser de mauvaise foi ceux
qui , après avoir travaillé toute leur vie au rétablissement de cet ancien régime, se proclament aujourd'hui les amis ardens de la Charte. Ils l'aiment
telle qu'ils travaillent à la faire par sept ans de tâton-
nemens et de tentatives ; ils l'aiment , parce qu'ils
voudraient la rendre le levier de l'aristocratie, et que
pour qu'elle les serve à souhait , il ne leur manque
que l'éloignement de quelques hommes qu'ils es-
pèrent proscrire , le perfectionnement de quelques
lois qu'ils tâcheront de façonner à leur gré , d'imposer par la violence, d'exécuter par la ruse, enfin
l'esclavage de cette tribune, qui ne les importunera
pas long-temps.

Ces choses obtenues, qu'importe qu'un ministre
des finances ne puisse pas, comme l'abbé Terray,

donner des croupes et des pensions de sa seule autorité, s'il n'a besoin, pour dispenser ce genre de
bienfaits, que de l'aveu des pensionnaires eux-
mêmes s'intitulant députés ? Qu'importe que les in-
tendans ne soient plus investis d'une autorité sans
bornes, si cette autorité est dévolue à des préfets
inattaquables et irresponsables ? Qu'importe qu'il n'y
ait plus de prisons sous le nom de Bastille, si la police a ses dépôts, ses salles, ses cachots, d'où nul
ne peut sortir, où nul ne peut pénétrer ? Qu'importe que la presse ne soit plus sous le joug de la
censure, si la détention et les amendes sont le prix
de toute réclamation courageuse ou de toute vérité
indiscrète ? Bien au contraire, ce changement de
formes serait pour ceux qui l'exploitent un immense
avantage : la fiction du vœu populaire les affranchi-
rait de toute responsabilité individuelle. Heureux le
pouvoir, quand il a pour excuse et pour autorisation
l'apparence de la volonté nationale, et qu'en
gouvernant un peuple comme ce peuple ne veut
pas être gouverné, il peut faire dire aux organes
ostensibles de ce peuple qu'il est gouverné comme
il veut l'être.

HUITIÈME NOTE.

Page 74. — « Les hommes qui, en s'alliant à
» lui (à Bonaparte), avaient immolé à leur
» patrie leurs souvenirs, leurs défiances, et jus-
» qu'à l'opinion, sous quelques rapports, purent
» se flatter de n'avoir pas fait inutilement tant
» de sacrifices. »

En relisant ces lignes, je ne puis me défendre de
réfléchir douloureusement à toutes les chances d'ordre et de liberté constitutionnelle qui se sont offertes
depuis trente ans à la France, et qui toutes ont été
manquées, soit par l'aveuglement des partis, soit
par l'imprévoyance de l'autorité.

Jamais un pays n'eut plus de raisons de se flatter
d'une amélioration paisible et durable, que la France
en 1789 : l'opinion était éclairée, la puissance
bienveillante ; toutes les classes, dans l'immense
majorité de ceux qui les composaient, sentaient le
besoin d'avoir des lois équitables et fixes, de soustraire indistinctement tous les citoyens à l'arbitraire, et de délivrer l'autorité royale de l'obsession
constante des courtisans qui se partageaient les dé-
pouilles de l'état, et des ministres qui, soumis à ces
courtisans, semblaient n'exercer l'autorité que pour
couvrir ce partage d'un voile officieux et d'un nom

respectable. Ceux mêmes que leurs intérêts matériels
mettaient naturellement en opposition avec les ré-
formes exigées par la marche de la société, la pré-
pondérance de l'industrie, et la dissémination des
lumières, étaient entraînés vers le but commun par
l'esprit d'imitation, la prétention au bon goût, l'a-
mour de l'élégance. La vanité s'était rangée du côté
des sacrifices; et des motifs puérils produisaient
d'intrépides actions et des abnégations généreuses :
quelques hommes ont tout détruit. Les intrigues
ministérielles qui précédèrent et amenèrent le 14
juillet, les insolences aristocratiques dictées par quelques grands seigneurs à des valets travestis en écrivains, des duplicités maladroites, des protestations
secrètes auxquelles une vanité imprévoyante se plai-
sait à donner une indiscrète publicité; enfin l'émigration armée, ce crime, car c'en était un dans tous
les systèmes, aussi long-temps que le roi était en
France, et ordonnait à ses sujets de respecter l'ordre
politique qu'il avait sanctionné; toutes ces choses
ont transformé un mouvement national et unanime
en une lutte acharnée entre deux partis, dont le plus
fort a souillé sa cause d'excès qui l'ont dénaturée,
et dont le plus faible s'est recruté de tous les mécon-
tentemens, effets inévitables de l'exagération des
doctrines et des abus de la force. Ainsi la chance
de 1789 a été perdue.

Une chance nouvelle s'offrait en 1795. Une constitution républicaine était proclamée ; elle était fautive ; elle ne donnait point au pouvoir exécutif le droit indispensable de frapper du véto les actes inconsidérés de la puissance législative : les dépositaires de l'autorité étaient des hommes dont le nom rappelait des décrets funestes. La nomination du directoire avait été une nomination de parti, chose désastreuse dans tous les temps et sous tous les régimes, parce que la nation se met en garde contre les élus d'une faction, tandis que ces élus, n'ayant d'appui que dans leur faction, deviennent ses esclaves, et sont d'autant plus violens, qu'ils sont plus esclaves. Néanmoins des circonstances heureuses contre-balançaient ces dangereux symptômes. Les caractères individuels sont forcés de plier sous le poids de l'opinion quand elle est générale : les horreurs de 1793 avaient laissé de tels souvenirs, que les conventionnels, devenus directeurs, devaient travailler bon gré mal gré à imprimer à leur gouvernement une direction différente ; ils le désiraient et par intérêt et par scrupule (car il ne faut pas juger les hommes par des mesures violentes adoptées au milieu de périls inouïs), et aussi parce que le pouvoir, même républicain, tend toujours à se séparer des agitations populaires, et à répudier, au moins par ses formes, toute origine démagogique. En se ralliant à la république, il y avait du bien à faire : on pouvait y introduire la modération, et l'ascendant des hommes modérés

y aurait réussi. La France , trop long-temps cour-
bée sous le joug de chefs qui n'avaient que la supériorité de la violence , avait soif de voir à sa
tête des supériorités de talens et d'éducation ; mais
il ne fallait pas avoir d'arrière-pensées ; les arrière-
pensées affaiblissent toujours le parti qui les nour-
rit, tout en les désavouant. Il fallait aussi ne pas
insulter des hommes coupables de beaucoup d'erreurs , mais alliés nécessaires. Il y avait tellement à
espérer d'une marche loyale et prudente , que même
en ne la suivant pas, même en se livrant à l'a-
mertume de récriminations mal calculées, la France,
après la promulgation de la constitution de 1795,
jouit, durant quinze mois , d'une liberté assez
paisible , et très étendue ; mais , en persistant dans
un système d'outrage éclatant contre les hommes,
et d'attaque sourde contre les institutions , on perdit tout de nouveau. Le 18 fructidor remit tout en
question.

Après le 18 fructidor , ce ne sont plus les ennemis exagérés de la révolution de 1789 , ni les adversaires imprudens de la constitution de 1795, qu'il
faut accuser : la faute en est tout entière à ceux
entre les mains desquels le 18 fructidor porta la puissance. Cette journée illégale eut l'effet que doit avoir
toute journée illégale : toute confiance fut détruite
entre les gouvernans et les gouvernés. Les premiers
sentirent que leur autorité n'était plus légitime ; les

seconds regardèrent comme une dérision les débris
de formes constitutionnelles que le gouvernement
semblait vouloir relever. Alors vinrent et la nouvelle proscription des prévenus d'émigration déjà
rentrés en France, et l'exécrable déportation des
prêtres infirmes, et l'esclavage de la presse, et la
mutilation réitérée de la représentation nationale, et
la loi des ôtages, attentatoire à la liberté individuelle, et l'emprunt forcé, destructif du droit de
propriété. Si le directoire vainqueur avait suspendu
sa marche triomphante pour calculer son propre
intérêt, et pour assurer son propre avenir, s'il eût
fait succéder à un acte de force, qui était un délit,
un retour à la justice, qui eût semblé une réparation,
en un mot, s'il eût gouverné après son triste succès
comme il avait gouverné avant sa victoire, la liberté
eût pu s'établir encore. Mais, je le répète, le 18 fructidor devait porter ses fruits ; une triste expérience
devait éclairer et punir les hommes qui avaient cru
l'illégalité permise pour arrêter la contre-révolution
menaçante. De toutes les chances, la plus incertaine
et la moins favorable à la liberté, c'est celle qui la
fait dépendre de la sagesse d'un pouvoir qui s'est
vu forcé de se raffermir par la violence.

Au 18 brumaire, toutes les espérances reparurent.
J'ai dit dans ces notes pourquoi elles furent dere-
chef déçues ; j'ai peint la servilité encourageant la
tyrannie : je ne reviendrai pas sur ce honteux tableau.

J'entends dire sans cesse que si Bonaparte eût voulu, il aurait assuré le bonheur du monde : sans doute; mais il fallait le lui faire vouloir, il fallait lui montrer le monde digne de ce bonheur; et pendant douze ans, il n'a vu dans les gouvernans et les gouvernés, dans les masses et dans les individus, que des mains suppliantes qui briguaient des chaînes; il n'a entendu que des voix adulatrices et dénonciatrices qui qualifiaient de crime et de folie tout ce qui n'était pas abjuration de la justice, et apostasie de la liberté.

Je laisse de côté 1814, puisque les fautes qui ont mis obstacle à l'établissement d'une constitution libre forment précisément l'objet de la première partie de ces lettres; et je passe, ou, pour mieux dire, je reviens à 1815.

Oui, je l'affirme, après la proclamation de ce qu'on a nommé l'acte additionnel, il y avait pour la France une chance facile de liberté. J'ai montré que cette constitution portait en elle-même tous les moyens de l'affranchir du reste des institutions impériales, auxquelles Napoléon l'avait associée d'une manière tellement factice, que la seule chambre des représentans avait déjà rompu le lien qui unissait deux choses si diverses; et, purifiée de cet alliage, il n'y avait aucune garantie que la constitution de 1815 ne contînt.

Mais, je le dis ici pour l'instruction de l'avenir

(le présent ne me paraissant permettre aucune espérance), tant qu'on ne voudra rien laisser à l'action
lente et graduelle du temps, tant qu'il y aura des
positions sociales qui forceront ceux qui s'y trouvent
placés, à chercher leurs succès et leurs moyens de
fortune et de considération future dans un blâme
permanent et universel, qu'ils appellent du courage,
et qui ne se manifeste jamais que lorsque le péril est
lointain ; tant qu'on aura pour but de briser ce qui
est, pour s'assurer la gloire personnelle du rem-
placement, rien ne sera durable, rien ne sera possible, et nous passerons éternellement du despotisme
à la destruction, pour substituer incontinent à la
destruction un nouveau despotisme.

Ce n'est point aux ennemis de la liberté et de Napoléon, qui pour la première fois faisaient cause
commune, que ces reproches peuvent s'adresser; ils
ont fait leur métier d'ennemis: mais ceux qui ont
disputé pour des terminologies, tandis que le fond
de tout ce que la raison pouvait désirer était consacré
dans l'institution nouvelle ; les écrivains qui se sont
crus bien intrépides en attaquant un gouvernement
que l'Europe attaquait, et qui se sont constitués répu-
blicainement les auxiliaires du pouvoir absolu, ceux-là
peuvent avoir été de très bons citoyens, si, comme je
le sais de plusieurs d'entre eux, ils ont agi d'après leur
conscience; mais ils se sont montrés des hommes d'état
bien peu clairvoyans, et de malencontreux politiques.

Ce que je viens d'écrire sur les erreurs qui ont enlevé à la France des chances de liberté durant les cent jours, je pourrais le dire avec non moins de justesse si j'avais à traiter d'une autre époque plus voisine du temps actuel. Alors un ministère dont je ne veux ici ni louer ni blâmer les intentions, et que chacun est libre, s'il y trouve du plaisir, de considérer comme n'ayant pas eu plus de goût pour la liberté que Bonaparte, était conduit, comme Bonaparte, par la force des choses, à nous donner progressivement des institutions constitutionnelles : la loi électorale du 5 février, la loi nationale du recrutement, la loi libérale de la presse, étaient des pas immenses ... Je m'arrête. Je suis fatigué de relever des fautes, de retracer des aberrations : le rôle de censeur me pèse; et quand je considère quels adversaires nous avons en face, celui d'ennemi me convient mieux. Déplorer le passé devient inutile ; c'est lutter qu'il faut, tandis que la lutte est encore possible, et léguer au moins à une génération plus heureuse qui ne se fera pas long-temps attendre, la tradition des principes et l'exemple de la fermeté.

NEUVIÈME NOTE.

Page 74. — « J'ai considéré le gouvernement
» des cent jours en théorie : je veux maintenant
» l'examiner en pratique. »

En retraçant rapidement dans cette lettre les principaux actes du gouvernement des cent jours, j'ai
oublié de parler d'une circonstance qui a servi de
prétexte à beaucoup de déclamations contre ce gouvernement. Je veux parler des fédérations, et prin-
cipalement de celle des faubourgs de la capitale,
passée en revue par Bonaparte aux yeux des Pari-
siens étonnés. Parmi les hommes qui se firent remarquer dans ces fédérations, il y en avait peut-être,
mais en très petit nombre, dont les noms rappelaient de funestes journées, et pouvaient causer des
craintes : cependant il n'y a pas un fait à citer à l'appui de ces craintes ; et ces faubourgs, jadis si terribles, n'ont pas commis un seul désordre, ne se
sont pas rendus coupables d'un seul excès.

S'il y a eu quelque chose à reprocher à la fédération parisienne, c'est son entière inefficacité ; mais
Bonaparte, qui craignait le peuple, ne voulait pas
qu'elle fût efficace. Il l'avait imaginée plutôt comme
une espèce de moquerie de la classe dont il connais-

sait la haine, que comme une ressource sérieuse. Il avait dans l'esprit une gaieté ironique qui l'accompagnait même au sein du danger. Il s'amusait de l'épouvante imprimée par la moindre démonstration populaire à ces soutiens de la monarchie absolue, si courageux quand ils n'ont pas peur ; il riait de les voir s'envoler comme une nuée d'oiseaux qui se dispersent, quand le monstre appelé peuple remue la paupière.

Quant aux fédérations provinciales, elles eurent un caractère beaucoup plus solennel que celle de Paris ; mais, loin de mériter le blâme, elles ont des titres incontestables à la reconnaissance de tous les bons citoyens. J'ai entre les mains une notice assez étendue sur la fédération bretonne, et l'extrait suivant me semble digne d'être mis sous les yeux de mes lecteurs. C'est un membre de la fédération même qui m'a communiqué ce morceau, et il peut servir de document pour l'histoire.

Notice rapide sur la fédération bretonne.

Fatigués du despotisme impérial, nous avions vu la chute de Napoléon avec indifférence.

Nous n'avions été sensibles qu'aux efforts de notre brave armée, et à l'envahissement du territoire par les étrangers.

2ᵉ Partie.   12

Enfin le roi rentra, et nous conçûmes de flatteuses espérances.

On sait que l'impéritie de quelques ministres porta le mécontentement dans toutes les classes : l'armée se crut méprisée, les possesseurs de domaines nationaux conçurent de vives inquiétudes, les plébéiens craignirent d'être sacrifiés à des priviléges que réclamaient hautement quelques membres de l'ancienne noblesse ; un chouan fut envoyé à Rennes pour distribuer des distinctions à ceux qu'il avait commandés contre nous-mêmes.....

A l'arrivée de Napoléon, l'Europe en fureur arma contre la France. Nous étions menacés de deux fléaux, la guerre extérieure et la guerre civile, cette guerre civile qui avait si cruellement ravagé nos contrées.

Déjà des débarquemens d'armes et de munitions s'étaient effectués sur les côtes de la Bretagne et du Poitou.

Déjà des partis s'étaient montrés en armes sur plusieurs points, et le meurtre d'un vieillard respectable, égorgé à domicile, avait annoncé aux Bretons quel serait l'horrible caractère de ces hostilités.

La ville de Nántes, située pour ainsi dire entre la Bretagne et la Vendée, avait tout à craindre des effets de la guerre civile. Plusieurs des habitans pensèrent qu'il serait avantageux pour cette importante cité de s'unir avec les villes voisines par un pacte qui les obligerait à se porter, en cas de besoin, des secours mutuels.

L'idée de cette association fut accueillie avec transport par la jeunesse nantaise.

Deux adresses furent en conséquence rédigées, l'une à Napoléon, à qui nous parlâmes le langage mâle de la vérité; l'autre à la jeunesse de Rennes, à cette brave jeunesse, qui, à toutes les époques, embrassa si généreusement la défense des idées libérales.

Les Rennois, à qui on avait annoncé les députés de Nantes, les attendaient avec impatience depuis plusieurs jours. Déjà même ils s'étaient réunis entre eux pour organiser une fédération, et ils s'en occupaient lorsque les députés de Nantes arrivèrent. Presque aussitôt arrivèrent aussi les députés des autres villes principales de la Bretagne, qui voulaient concourir au pacte fédératif. Des commissaires furent choisis pour en rédiger le projet. Plusieurs furent présentés : un seul fut admis.

Dans ce projet de pacte, on ne parlait d'aucun individu : le nom de Napoléon n'y figurait pas. C'était pour la patrie et pour le maintien de l'ordre que la jeunesse bretonne était appelée aux armes. En un mot nous paraissions dans ce projet tels que nous sommes, Français avant tont.

Il allait être ainsi livré à l'impression, lorsqu'un

des principaux fonctionnaires publics de la ville de
Rennes, homme d'ailleurs distingué par son patriotisme et ses talens, nous donna le conseil de parler
de l'empereur. « Le silence que vous observez à son
» égard, nous dit-il, l'indisposera contre la fédéra-
» tion, et il la brisera comme un verre. » Ce furent
ses propres expressions.

Il nous invita ensuite à lui laisser notre projet de
pacte fédératif ; il nous le rendit le lendemain tel
qu'on l'a vu imprimé.

Peu d'articles éprouvèrent des modifications ; mais
le préambule fut entièrement changé. Ce préambule
déplut généralement aux commissaires de la fédération, qui ne se dissimulèrent pas qu'en l'adoptant
c'était prendre la couleur d'un parti. Après bien des
discussions, on le soumit à l'épreuve du scrutin. Il ne
passa qu'à une très faible majorité, et ceux-là même
qui votèrent en faveur du projet ainsi modifié, n'y
furent déterminés que par la considération que le
gouvernement d'alors ne souffrirait pas une association qui paraîtrait s'isoler de Napoléon.

En effet, déjà la fédération lui avait été signalée
comme une faction révolutionnaire ; et voici à cet
égard une anecdote qui mérite d'être connue.

Un homme attaché à Napoléon était chez lui
quand on vint lui dénoncer la fédération bretonne. Il
parut très irrité, et menaça les Bretons de son res-
sentiment. Peu d'heures après on lui porta le pacte

fédératif ; il le lut avec attention, et dit en le rendant au porteur : « Ce n'est pas bon pour moi ; mais
» c'est bon pour la France. »

Reportons-nous à Rennes.

Le pacte fédératif ainsi adopté fut aussitôt couvert
de plus de 1500 signatures. Chaque jour augmen-
tait considérablement le nombre des fédérés. De tous
les points de la Bretagne arrivait au bureau central
une foule d'adhésions ; des maires de communes ru-
rales venaient se faire inscrire à la tête de leurs ad-
ministrés. Dans les villes et dans une multitude de
bourgs, des registres furent ouverts et signés par
tous ceux qui avaient horreur de la guerre civile et
des étrangers. Les autres provinces se fédéraient à
l'exemple de la Bretagne, et correspondaient avec les
bureaux de Nantes et de Rennes : tout enfin promettait à la fédération un succès complet. Une jeunesse
aussi nombreuse et plus aguerrie que celle de 1789
allait se lever pour la défense de la patrie.

Mais divers symptômes annonçaient que les leçons
du malheur avaient été perdues pour Napoléon,
et que lui-même n'avait rien appris ni rien oublié.

On parla de déchirer l'acte fédératif, et peut-être
on eût exécuté cette résolution sans les réflexions
de l'un des principaux membres de la fédération,
connu par sa courageuse opposition aux actes de Napoléon, dans le temps de sa prospérité.

« Sans doute, nous dit-il, Bonaparte n'a pas

» changé ; mais avons-nous maintenant la liberté du
» choix? Nous sommes placés entre les armées étran-
» gères et la nôtre. Celle - ci se compose de nos
» amis, de nos frères et de nos enfans. Il faut les
» abandonner ou les secourir. »

Ces raisons prévalurent : la France, menacée d'une
invasion étrangère et d'une guerre civile, retint seule
les fédérés.

Fidèles à l'engagement de se secourir au besoin,
les fédérés marchaient au premier signal sur les
points où leur présence pouvait être nécessaire. Sur
la nouvelle que les Vendéens et les bandes de la Bretagne méditaient une attaque combinée contre la ville
de Nantes, les Rennois y envoyèrent une partie de
l'élite de leur jeunesse.

Les habitans de Paimbœuf conçurent des inquiétudes sur un mouvement qu'on annonçait devoir
s'opérer dans la Vendée : un détachement de fédérés
nantais vola à leur secours. Dans toutes les ren-
contres qui ont eu lieu, les fédérés ont montré qu'ils
étaient dignes de combattre dans les rangs de la
vieille armée.

Enfin, sous une constitution libérale, la fédération eût fourni, pour la défense du territoire français, des bataillons aussi formidables par leur nombre que par le patriotisme qui les animait. En Bretagne, elle eût plus que suffi pour maintenir la tran-
quillité de cette province, puisqu'on y comptait plus

de 20,000 fédérés en état de porter les armes. Cette force, habilement répartie et dirigée, aurait aisément réprimé quelques troupes de paysans, que leurs chefs n'arrachaient que par la violence à leurs paisibles travaux, et dont la plupart s'enfuyaient au premier feu.

Napoléon succomba pour la seconde fois. Sa dernière abdication n'eut aucune influence sur la fédération, dont les membres, ne voyant d'un côté que l'étranger, de l'autre que la France, restèrent attachés au fantôme de gouvernement qui paraissait vouloir s'opposer à l'invasion.

La marche rapide des évènemens annonça bientôt un autre ordre de choses. Le roi revint, et les fédérés rentrèrent sans résistance dans la classe de simples particuliers.

Depuis, ils ont supporté avec calme les injures, les outrages et les persécutions d'hommes qui n'auraient pas osé les attaquer en face, mais qui ont réclamé aux yeux du gouvernement le triste mérite de tous les excès de l'exagération.

On s'est efforcé de faire prendre à l'opinion publique le change sur les véritables principes de la masse des fédérés.

La fédération n'était point une faction révolutionnaire : une multitude de ses membres a eu à regretter ses parens, victimes du régime de 1793. Les fédérés n'étaient point des esclaves dévoués à Napoléon : de toutes les villes du royaume, il n'en est peut-être pas une seule qui ait marqué autant d'opposition que la ville de Rennes. La fédération n'était point un rassemblement de prolétaires ; elle était composée de l'élite de toutes les classes, des principaux propriétaires, négocians et magistrats.

Le choix seul du président de la fédération bretonne prouve assez quel était le caractère de cette association. Celui dont le courageux dévouement força Carrier à ne pas ensanglanter les bords de la Villaine comme il ensanglanta les bords de la Loire, celui qui résista avec énergie à l'usurpation du général Bonaparte, n'eût jamais accepté d'être le chef ni d'une faction anarchiste ni des satellites de la tyrannie.

« Je signe le pacte fédératif, disait l'un des négo- » cians les plus riches et les plus distingués de la » Bretagne, parce que je le crois propre à nous pré- » server des étrangers, de la guerre civile, et du des- » potisme de l'empereur. »

En effet, les fédérés bretons chérissent le gouvernement constitutionnel ; et le prince qui en maintiendra strictement les principes, pourra les compter au nombre de ses plus zélés défenseurs.

DIXIME NOTE.

Page 100. — « Ils (les hommes des cent jours)
» n'ont voulu que l'indépendance de leur patrie ;
» en essayant d'une main de repousser l'étranger,
» ils ont de l'autre essayé d'enchaîner le despo-
» tisme. »

Le rapprochement contenu dans ces deux dernières lettres, entre les mesures des cent jours et
celles qui ont eu lieu durant le reste de l'année 1815,
serait susceptible de beaucoup plus de développe-
mens ; et aujourd'hui que le parti qui avait présidé
à ces mesures, paraît triompher, j'ai quelque peine
à me refuser cette satisfaction innocente.

Je me bornerai toutefois à des questions en petit
nombre.

A-t-on vu, durant les cent jours, les défenses des
accusés étouffées ?

A-t-on vu les juges interrompant les défenseurs et
les forçant au silence ?

A-t-on vu les agens du gouvernement des cent
jours s'arroger le droit de prononcer des peines sans
jugement, et punir sur les innocens les délits dont ils
ignoraient les auteurs véritables ? J'ai parlé de l'arrêté d'un lieutenant de police dans les départemens
de l'ouest, arrêté aussitôt cassé que pris, et c'était an

milieu de la guerre civile. Qu'on lise l'article suivant,
écrit en pleine paix, lorsque tout péril avait disparu,
et que toute malveillance était impuissante. « Des
» placards séditieux ont été affichés à......... Le
» préfet a mandé un des individus les plus mar-
» quans dans la classe de ceux qui sont signalés par
» leurs mauvais principes : usant du pouvoir discré-
» tionnaire qui lui est dévolu, il lui a enjoint de
» quitter la ville dans les vingt-quatre heures, *et il a*
» *donné la plus grande publicité à sa volonté pro-*
» *noncée de punir les auteurs inconnus des délits*
» *contre l'ordre public, en la personne des individus*
» *présumés les chefs des malveillans.* » (Quotidienne
du 14 mars 1816.)

A-t-on vu, durant les cent jours, des citoyens pris
au hasard, quelques-uns dans les rangs les plus obscurs,
et inscrits à la hâte sur des listes de bannissement? Une
liste de treize personnes a été faite par Bonaparte : ce
fut un grand mal, un acte arbitraire, contraire à tous les
principes, violateur de toutes les lois ; mais cette liste
ne comprenait que des hommes activement attachés
au gouvernement contraire à celui de Napoléon. A
Dieu ne plaise que ceci soit une excuse ! c'est un point
de comparaison. Plus tard, deux listes bien plus consi-
dérables ont été dressées : elles atteignaient des hommes qui n'avaient aucune relation avec le pouvoir renversé à Waterloo ; elles frappaient, dans le nombre,
des individus ignorés, presque sans influence, sans

moyens de nuire : et il a fallu que le gouvernement lui-même prît plus d'un détour pour en atténuer les effets ; et ceux qui avaient provoqué ces .listes se plaignent encore aujourd'hui de ces adoucissemens, toujours combattus et retardés par eux.

Ils ont, à la vérité, voulu rejeter la confection de ces listes sur le ministère de 1815, et sans doute ce ministère en a la responsabilité légale ; mais la responsabilité morale pèse sur ceux qui les ont exigées avec fureur. Les hommes qui dominaient durant les six derniers mois de 1815, ont réclamé d'abord ces listes comme une mesure purement comminatoire ; ils en ont ensuite commandé l'exécution rigoureuse. Ils se sont irrités de ce que M. de Talleyrand ne partageait pas leur violence, et de ce que le duc d'Otrante montrait un regret stérile de persécuter d'anciens amis. Il est arrivé au ministère d'alors ce qui arrive toujours à l'autorité qui croit désarmer un parti en lui obéissant, elle l'enhardit et ne le désarme pas.

A-t-on vu, durant les cent jours, des enfans de moins de quinze ans dénoncés pour délits politiques, comme méritant toute la sévérité des lois? (*Voyez* le Journal de Paris du 13 décembre 1815.)

A-t-on vu la classe laborieuse perpétuellement poursuivie pour des causes de même genre, et condamnée à des détentions et à des amendes ruineuses? (*Voyez* tous les journaux depuis le mois de no-

vembre 1815 jusqu'au 5 septembre 1816, et notam-
ment le Journal de Paris du 18 avril.)

A-t-on vu la pitié proscrite jusque dans ce sexe
faible, dont cette vertu est l'attribut le plus naturel et
le plus précieux? (Journal de Paris du 20 mars 1816.)

A-t-on vu des avocats refuser leur ministère à des
accusés, et, lorsqu'il leur était ordonné de les défendre d'office, devenir presque leurs accusateurs?
(*Voyez* les journaux du mois d'octobre 1815.)

A-t-on vu enfin, durant les cent jours, les alentours de Bonaparte ne s'inquiéter que de sa douceur
et ne découvrir de dangers que dans sa clémence? Au
contraire, si nous portons nos regards à la fin de la
même année, nous ne voyons que soif de sang et besoin de vengeance. Lors du jugement de La Bé-
doyère, quelle férocité jusque dans les femmes! Les
mots qu'elles ont trouvés possibles à prononcer me sont
impossibles à écrire; mais les salons n'ont plus rien
à reprocher aux clubs, ni l'élégance de 1815 aux fu-
reurs démagogiques de 1793 (1).

Disons-le franchement : disons-le surtout aujour-
d'hui, rien dans les cent jours ne ressemble aux
excès auxquels une faction s'est livrée quelques

---

(1) Je ne croyais pas, en rappelant ces souvenirs du
passé, pour l'instruction du présent, que l'époque actuelle
fournirait aussi son contingent de fureur et de bassesse ;
mais je lis le Journal des Débats du 3 juillet 1822, et je

mois plus tard ; et, par ces excès, elle a gâté pour
la France des circonstances qui, à côté de ce qu'elles
avaient de triste, offraient une chance certaine de
repos, une chance possible de liberté constitutionnelle.

Sans doute la seconde restauration était accom-
pagnée de pensées plus pénibles que ne l'avait été la
première en 1814 (1) ; mais le sentiment de la néces-

---

vois un anonyme, qui se dit jeune et de la classe stu-
dieuse (j'espère qu'il calomnie cet âge et cette classe),
s'empressant de se repaître du spectacle d'un malheureux
garrotté ; applaudissant à des paysans qui voudraient déchirer un prisonnier sans défense ; se réjouissant et de la
férocité de leurs sentimens et de la grossièreté de leurs expressions ; trouvant légitime enfin que, parce qu'un homme
ému de pitié salue un détenu, un carabinier lui dise qu'il
lui fera un mauvais parti, comme si, dans un pays où il
y a des lois, un carabinier avait le droit de faire à quelqu'un un mauvais parti, et comme si saluer un détenu était
un crime. Et après tant d'infamies, je lis ces mots encore
plus infâmes : *le baume me coulait dans les veines*, à la
vue des fers dont un être humain est chargé, et de l'échafaud qu'on lui prépare ! Je me demande dans quelle contrée nous vivons, si une horde de Cannibales a envahi la
France, ou si les Carriers et les Lebons sont sortis du
tombeau.

(1) Je réfléchis, en écrivant cette phrase, qu'au temps
où nous vivons il faut se mettre en garde contre les inter-

sité était plus profond et plus unanime. Ceux qui ne s'étaient ralliés à Bonaparte que pour repousser les étrangers, avaient échoué dans cette tentative : et le même motif qui les avait portés à seconder Napoléon contre l'Europe en armes, les invitait à prêter secours au seul gouvernement qui pût délivrer la

---

prétations de la haine, et, en conséquence, je crois devoir recourir d'avance à un illustre auxiliaire, dont l'éloquence ne sera pas contestée, ni le témoignage révoqué en doute par ceux qui ne demanderaient pas mieux que de défigurer mes paroles. Je copie donc le commencement du neuvième chapitre des Réflexions politiques de M. de Châteaubriand. (Mélanges, page 153.) « Au retour des
» Bourbons, dit-on (c'est, si je ne me trompe, Carnot qui
» l'avait dit), la joie fut universelle, il n'y eut qu'une opi-
» nion, qu'un sentiment, etc. Nous avons, répond M. de
» Châteaubriand, été aussi témoin des premiers momens de
» la restauration, et nous avons observé précisément le con-
» traire de ce que l'on avance ici. Sans doute il y eut du
» bonheur, de la joie à l'arrivée des Bourbons ; mais il s'y
» mêlait beaucoup d'inquiétude. Les anciens républicains
» étaient bien loin surtout d'être si satisfaits, d'applaudir
» avec tant de cordialité... La vérité est que la confiance ne
» fut point entière au premier moment du retour du roi.
» Beaucoup de gens étaient alarmés ; les provinces mêmes
» agitées, incertaines, divisées ; l'armée ne savait si on
» lui compterait ses souffrances et ses victoires ; on crai-
» gnait les fers, on redoutait les vengeances. »

France de la présence des étrangers. L'armée, qui
avait cru retrouver ses anciens succès sous les drapeaux de son empereur, était désabusée de cette espérance. Les hommes qui avaient embrassé sa cause
par une ancienne affection, se voyaient vaincus par
les évènemens ; tous avaient appris, par une expérience triste et instructive, qu'on ne peut faire vouloir
à une nation ce qu'elle ne veut pas, et que la haine
excitée par l'ancien despotisme de Bonaparte ne permettait plus que les Français le reconnussent pour
leur monarque constitutionnel.

Que devait-on faire pour profiter de ces dispositions? Partir des bases sur lesquelles le gouvernement
royal s'était placé en quittant la France ; annoncer,
comme avant le 20 mars, le dessein de concilier
tous les intérêts, de donner toutes les garanties ;
profiter de l'aveu fait par l'ancien ministère des
fautes qu'il avait commises pour motiver l'oubli du
passé.

Au lieu de suivre cette marche, qu'ont fait les
hommes qui à cette époque se sont emparés d'une
portion du pouvoir? Ils ont attenté à toutes les libertés, menacé toutes les existences, violé toutes les
promesses.

Qu'en est-il résulté? Les gouvernemens étrangers
eux-mêmes, quelque prévenus qu'ils pussent être
contre les principes de la révolution, ont senti qu'il
fallait arrêter le torrent des doctrines contre-révolu-

tionnaires, et le 5 septembre a paru, non-seulement aux nations, mais aux rois de l'Europe, une
époque de délivrance et un jour de salut.

Maintenant si l'on se précipite de nouveau dans
la route que le 5 septembre semblait avoir fermée,
qu'en résultera-t-il ? Pour prévoir l'avenir, ne suffit-il
pas de consulter le passé ?

Il faut donc le dire, il faut le répéter : avec ce
système qui ne voit dans les peuples que le patri-
moine du pouvoir absolu, et dans ce pouvoir absolu
que l'instrument de l'aristocratie, il n'y aura jamais
pour la France ni repos ni liberté. Durant une administration de quatorze mois les partisans de ce système avaient mis en feu leur pays : laissez-les
poursuivre leur route, ils mettront en feu l'Europe.
Cette Europe ne sera tranquille que si notre beau
royaume de France, placé par la nature au centre de
la civilisation, jouit enfin d'un calme réel. Tenir sans
cesse le bras levé sur trente millions d'hommes est
non-seulement une usurpation, mais une imprudence.
Vouloir démembrer la contrée qu'habitent ces trente
millions d'hommes, unis d'habitudes, d'affections,
d'intérêts et de gloire, serait plus qu'une imprudence,
ce serait une absurdité. L'Europe expie depuis qua-
rante ans le démembrement de la Pologne, et la Pologne n'était pas la France.

Ce n'est donc point à la contenir, c'est à la satisfaire qu'il faut travailler. Or elle ne sera satisfaite

que si elle obtient enfin ce qu'elle a voulu en 1789, ce qu'elle veut encore, une liberté raisonnable sous une monarchie constitutionnelle.

POST SCRIPTUM.

J'ai tâché, dans les notes qu'on vient de lire, de rendre un compte exact de ce qui s'est passé sous mes yeux. Je suis sûr d'avoir été véridique dans l'exposé des faits : je n'ai voulu être injuste ni flatteur envers aucun parti. Quant aux principes que j'ai professés, je les crois ceux de l'immense majorité de la France ; et pour ne donner prise à aucune interprétation qui soit équivoque, je vais présenter en peu de mots le résumé de ces principes, et j'ai l'avantage de pouvoir le faire en démontrant qu'ils sont indépendans de toute circonstance, car je les professais en 1814 aussi bien qu'aujourd'hui.

« J'admets deux sortes de légitimité : l'une posi-
» tive, qui provient d'une élection libre ; l'autre ta-
» cite, qui repose sur l'hérédité, et j'ajoute que l'hé-
» rédité est légitime, parce que les habitudes qu'elle
» fait naître, et les avantages qu'elle procure la ren-
» dent le vœu national.... De ces deux espèces de
» légitimité que j'admets, celle qui provient de l'é-
» lection est la plus séduisante en théorie ; mais elle
» a l'inconvénient de pouvoir être contrefaite. »
(*De l'Esprit de conquête,* 4e édition, pages 217—

13

219.) Il en résulte que la légitimité héréditaire est la plus calme, la plus assurée, sans être moins favorable à la liberté. Les nations sont averties de cette vérité par instinct, et la masse de ces nations préfère pour cette raison la légitimité héréditaire ; mais il faut, pour que cette préférence soit efficace et durable, que le gouvernement ne se place pas en opposition avec les intérêts nationaux. S'il est d'accord avec ces intérêts, il n'y a pas un homme sensé qui ne désire le maintenir et qui ne s'arme pour sa défense : mais s'il les menace, les attaque, les met en péril, tous les vœux, tous les efforts, tous les regrets des hommes sensés resteront sans fruit.

Il est toujours temps de dire ces vérités. Elles sont dans le cœur de tout le monde, et ceux qui les repoussent ne sont les véritables amis ni des rois ni des peuples.

TABLE DES MATIÈRES.

PREMIÈRE PARTIE.

SECONDE PARTIE.

NOTES.

CPSIA information can be obtained at www.ICGtesting.com
Printed in the USA
BVOW07s1009150514

353633BV00010B/367/P